Dietmar Mieth
Arbeit und Menschenwürde

Dietmar Mieth

Arbeit und Menschenwürde

Herder
Freiburg · Basel · Wien

Alle Rechte vorbehalten – Printed in Germany
© Verlag Herder Freiburg im Breisgau 1985
Satz: F. X. Stückle, Ettenheim
Druck und Einband: Freiburger Graphische Betriebe 1985
ISBN 3-451-20399-5

Vorwort

Die Arbeitslosigkeit gehört zu den bedrängenden menschlichen und strukturellen Problemen, deren Lösung nicht in Sicht ist. Dies gilt nicht nur für die in der Bundesrepublik Deutschland, sondern auch in sehr viel größerem Maße für die sogenannte Dritte Welt (vgl. Concilium 18, 1982, Heft 12).

Viele Wissenschaften beschäftigen sich mit der Herausforderung durch diese Lage, mit den Ursachen und mit den Problemlösungsvorschlägen. Auch die Theologische Ethik, die praktischen Disziplinen der Theologie und die Kirchen sind hier gefragt. Sie sind dabei vermehrt auf den Dialog mit den Wirtschaftswissenschaften und den ökonomischen Institutionen angewiesen. Die eigene Perspektive zielt vorrangig auf die ethischen Kriterien für die Problemlösungen und auf das praktische Engagement der Beteiligten.

Darüber hinaus ist es aber gerade seitens der Theologie erforderlich, angesichts dieser bleibenden Herausforderungen, sich über die grundlegende Perspektive des Verhältnisses von Arbeit und Menschenwürde erneut klarzuwerden. Denn auf der einen Seite vertritt die christliche Sozialethik das Recht auf Arbeit im Sinne eines Grundrechtes, für die Besorgung der eigenen Existenz bzw. der Existenz der Familie selbst einstehen zu dürfen; auf der anderen Seite aber kann der Kern der Menschenwürde oder, theologisch gesprochen, der Gottebenbildlichkeit, nicht so ohne weiteres mit den Zweideutigkeiten der Arbeit in eins gesetzt werden. Die Gefahr, die Arbeit als Inbegriff der Würde des menschlichen Lebens bzw. der menschlichen Selbstverwirklichung zu deuten, bevor überhaupt über Art und Charakter der Arbeit im Rahmen des tätigen Lebens gesprochen worden ist, ist gerade in der Theologie der Arbeit der letzten Jahrzehnte viel zu wenig gesehen worden.

Die vorliegende Untersuchung stellt sich daher zunächst einmal die Aufgabe, das Verhältnis von Arbeit und Menschenwürde auf der Basis einer Theologie des tätigen Lebens zu klären. Mit dieser Theologie habe ich mich schon länger beschäftigt, zuerst in meiner Untersuchung zur „Einheit von vita activa und vita contemplativa" (1969), zuletzt anläßlich des Quellenbandes „Vom tätigen Leben" (1984). Mein Anliegen ist es, die Engführung der menschlichen Tätigkeit auf die Dominanz der Arbeit aufzuzeigen und damit eine Fixierung der menschlichen Bedeutsamkeit des tätigen Lebens (Selbstverwirklichung, soziale Anerkennung, Sinnbedürfnis) auf den entlohnten Arbeitsplatz aufzuheben. Dadurch soll freilich die Notwendigkeit einer sozialethisch begründeten und motivierten Arbeitsbeschaffung keineswegs relativiert werden; vielmehr geht es mir um eine Entkrampfung der Problemlage hinsichtlich der Arbeitsplatzbesitzer und einer gesellschaftlichen Mentalität, die einen bestimmten Typ von „Arbeit" überbewertet. Ich könnte mir vorstellen, daß auf diesem Wege auch einige Behinderungen der Solidarität mit den Arbeitslosen abgebaut werden. Theologische Bemühungen, die ja nicht unmittelbar zur Entdeckung und Realisierung von Problemlösungen beitragen können, sollten zumindest auf ein praktisch wirksames Umdenken zielen, zu dem wir alle angesichts der Grenzerfahrung der Arbeitslosigkeit aufgerufen sind.

Den Hauptteil der Untersuchung bilden nichtsdestoweniger die Vorschläge zur Analyse und Therapie der Arbeitslosigkeit. Sie werden im Hinblick auf die sozialethischen Kriterien diskutiert. Dabei geht es vorrangig um die Abwägung der Beschäftigungspolitik mit anderen wichtigen Zielen (Humanisierung der Arbeit, Ökologie, alternative Ökonomie).

Für kritische Hinweise möchte ich mich bei meinen Tübinger Hörern und bei Dr. Georges Enderle, St. Gallen, bedanken, für das aufmerksame Lesen der Korrektur (nicht nur in diesem Buch) bei Frau Ruthild Dieckmann.

Tübingen, Januar 1985 *Dietmar Mieth*

Inhalt

Vorwort		5
1. Arbeit und Werk		9
2. Der theologische Hintergrund		17
3. Ideologie der Arbeit in der Neuzeit		23
4. Die Antwort von „Laborem exercens"		27
5. Voraussetzungen der Befreiung		31
6. Deutung der Entfremdung		35
7. Ursachen der Arbeitslosigkeit		43
8. Problemlösungen zur Arbeitslosigkeit und ethische Kriterien		53
9. Zu den Formen des tätigen Lebens		81
10. Solidarität und Recht auf Arbeit		87
11. Der soziale Beruf im Dienst der Kirche		101
Anmerkungen		116
Literatur		120

1
Arbeit und Werk

Was ist überhaupt Arbeit? – Die Wortbedeutung

Arbeit scheint einer der selbstverständlichsten Begriffe unseres Alltags zu sein. Trotzdem ist der Wortgebrauch nicht eindeutig. Der Begriff soll also phänomenologisch vorerschlossen werden, bevor wir auf die grundsätzliche theologische Unterscheidung eingehen. Der Wortbedeutung nach leitet sich Arbeit aus einer alten indogermanischen Wurzel ab, die vor allem den Charakter der Mühsal, der Pein, der Not, der Last körperlicher Tätigkeit usw. herausstellt[1]. Noch im Mittelhochdeutschen hätte Arbeit niemand mit Werktätigkeit gleichgesetzt, sondern Arbeit hätte kurz und einfach Mühsal bedeutet. Ähnlich bedeutet im Slawischen, aus dem das Wort Roboter stammt, Arbeit eigentlich Knechtsarbeit, Frondienst. Auch in lateinischen Bezeichnungen von „labor" (vgl. „labour" im Englischen) ist die körperliche Arbeit gemeint: gewonnen an einem Bild, dem Wanken unter einer Last. Das französische „travail" spiegelt übrigens denselben Hintergrund wider: Es hängt mit dem Wort „Balken" zusammen und meint das Gerät, das man gebraucht, um Ochsen und Pferde beim Beschlagen festzuhalten. Es wird also bereits aus diesem Blick auf die Wortherkunft dies offensichtlich: der Arbeitsvollzug wird vom Menschen als Mühsal und als Last empfunden. Offensichtlich im Gegensatz dazu ist das Ergebnis des Arbeitens, die Leistung oder das Werk, mit positiven Bestimmungen besetzt.

Elemente des Begriffs

Man kann das Verständnis des Wortes „Arbeit" vertiefen, wenn man phänomenologisch verschiedene Elemente des Arbeitsbegriffes zur Deutung heranzieht. Zu verweisen ist dabei auf den rein objektiven *physikalischen* Arbeitsbegriff, der die Überwindung eines Widerstandes über einen Weg bedeutet (als Maßeinheit festgehalten), dann auf den *physiologischen* Arbeitsbegriff, d.h. die physiologische Belastung, die sich sowohl bei körperlicher wie bei geistiger Arbeit für den Menschen bemerkbar macht. Ferner wäre der *psychologische* Arbeitsbegriff ins Auge zu fassen. Gemeint ist damit z.B. eine Änderung der Arbeitspsychologie, die dadurch eintritt, daß die agrarische Bauerntätigkeit oder die handwerkliche Tätigkeit in industrielle Arbeitsleistung umorientiert wird. Diese ist von der Arbeitsteiligkeit der Industriegesellschaft und ihrer spezifischen Arbeitsgliederung her bestimmt. Für den einzelnen bedeutet dies, daß seine Arbeit immer eindimensionaler wird und deswegen auch eindimensionale Wirkungen auf seine Psychologie hat. Dann wäre noch der *kulturelle* Arbeitsbegriff als ein spezifisches Phänomen zu nennen: Arbeit als objektive Kulturleistung des Menschen. Dies wird nicht selten auch mit theologischen Motiven zusammengebracht; darauf werden wir noch zu sprechen kommen. Schließlich gibt es den *wirtschaftlichen* Arbeitsbegriff. Arbeit wird dabei als Tätigkeit verstanden, durch die sich der Mensch die Mittel zur Befriedigung seiner Bedürfnisse verschafft. Diese Tätigkeit kann innerhalb der Ökonomie wieder entweder als „Produktionsfaktor Arbeit" oder als „Betriebselement Arbeit" bestimmt werden.

Ist ein Oberbegriff möglich?

Nun stellt sich die Frage: Wie kann man diese verschiedenen phänomenologischen Aspekte der Arbeit, Physik, Physiologie, Psychologie, Kulturleistung, Ökonomie auf einen Nenner bringen? Dazu gibt es eine klassische Definition:

„Arbeit ist jede fortgesetzte angespannte und verordnete Tätigkeit, die der Erzeugung, Beschaffung, Umwandlung, Verteilung oder Benutzung von materiellen und ideellen Daseinsgütern dient."[2] Mit dieser Definition kann man nun wirklich fast alle Tätigkeiten, auch etwa die des Politikers, des Künstlers und des Priesters, als „Arbeit" ansehen.

Unsere grundsätzliche Schwierigkeit mit dieser Art von definitorischem Zugang zum Phänomen der Arbeit besteht darin, daß unter dem einen Oberbegriff der Arbeit ganz verschiedene menschliche Faktoren zusammengefaßt werden. So macht Walter Kerber darauf aufmerksam, daß die Arbeit auf der einen Seite die größte Entfremdung und Mühsal des Menschen, auf der anderen Seite aber auch das größte Bedürfnis des Menschen zum tätigen Selbstausdruck umfaßt. Es scheint sich eine merkwürdige Gespaltenheit durch die Phänomenologie der Arbeit hindurchzuziehen. Die erste grundlegende Frage ist also diese: Können diese so auseinanderstrebenden Extreme der Arbeitsbestimmung tatsächlich unter den Oberbegriff einer menschlichen Tätigkeit gefaßt werden, die der Befriedigung der Grundbedürfnisse des Menschen dient?

„Arbeiten" oder „Wirken"?

Ich möchte einen grundlegenden phänomenologischen Unterschied festhalten und ihn als den Unterschied von „Arbeit" und „Werk" charakterisieren. Der Unterschied von Arbeit und Werk wird auch von Walter Kerber gesehen. Er beschreibt freilich die Arbeit als die vorausgesetzte mühselige Tätigkeit und das Werk als das Ergebnis dieser Tätigkeit. Ich führe hingegen den Unterschied von Arbeit und Werk auf die Unterscheidung von Arbeiten und Wirken zurück. Die Unterscheidung von Arbeit und Werk können wir in unserem Alltag beobachten und als „Ungleichzeitigkeit" in unserer Gegenwart festhalten. Mir fällt er in einem Bauerndorf Tag für Tag auf. Man sieht Bauern „wirken", aber nicht „arbeiten". Was bedeutet dieses „Wirken", das man als „ungleichzeitig" beobachten kann, und zwar außer in agrarischen und in handwerklichen Berufen sonst eigentlich nur in spezifischen Berufen?

Der andere Rhythmus des „Wirkens"

„Wirken" bedeutet hier, daß die Tätigkeit, die sich über den gesamten Tag verteilt, ohne ein bestimmtes Ende zu haben, sich in einem Tempo vollzieht, das dem Rhythmus des Menschen selbst angemessen ist, von ihm selbst bestimmt wird, insofern gleichsam den Höhen und Tiefen des Tages, dem Fortwirken und den Unterbrechungen, die von einem natürlichen Rhythmus gesetzt werden, angepaßt ist. Es fällt auf, daß diese Art von Tätigkeit zwar unterbrochen wird, aber nicht aufhört. Auch der Schlaf ist kein Ende, sondern Zwischenbereich der Rekreation. Es gibt hier nicht den Unterschied zwischen „Arbeit" und „Freizeit", das rhythmische Bedürfnis bedingt vielmehr selbst die notwendige freie Zeit *in* der Tätigkeit. Die physiologischen Grundbedürfnisse, etwa der Nahrungsaufnahme usw., aber auch die Notwendigkeit einer Kommunikation, eines Gesprächs können jederzeit eine Unterbrechung bedingen. Das Wirken erscheint auch nicht in dem Sinne als instrumentell, daß es sich dauernd bewußt ist, daß es zum eigenen Lebensunterhalt vollzogen wird, obwohl dies sicherlich ein wichtiger Effekt ist. Es ist eher ein langsames und sehr verschiedenartiges Besorgen der eigenen Existenz und der Existenz der Familie bzw. der wirtschaftlichen Gruppe, die einen landwirtschaftlichen Betrieb ausmacht. Es ist kein Unterschied zwischen den instrumentellen Notwendigkeiten und dem Selbstaufdruck der Existenz zu sehen. Dies läßt sich nicht nur im Bereich agrarischer Tätigkeit, sondern auch im Bereich handwerklicher Tätigkeit beobachten. Ein Kraftfahrzeugmeister, dessen Tätigkeit von 7.30 Uhr morgens bis 22.00/22.30 Uhr abends ununterbrochen anhält, oder ein kleinerer Familienbetrieb kennen keine „Dienststunden". Ihre Tätigkeit ist nicht mit der eines Mechanikers oder Werkzeugmeisters oder auch eines Kraftfahrzeugmeisters in einem Kraftfahrzeugbetrieb zu vergleichen, wie wir sie meistens in Städten kennenlernen; es ist eine Tätigkeit, die sich nach dem eigenen Rhythmus vollzieht. Sie kann dabei ganz verschiedene Rubriken von Tätigkeiten umfassen und zwischen ihnen wechseln. Daher stellt sie jene beschriebene Mischung von instrumentellen Notwendigkeiten zur Befriedigung der Grundbedürfnisse einerseits und zur Besorgung der eigenen Existenz andererseits dar.

Das Merkmal der Verlangsamung

Der entscheidende phänomenologische Unterschied zwischen Arbeiten und Wirken läßt sich also auch heute noch beobachten. Offensichtlich gehörten zu den Merkmalen des „letzten" Wirkens in unserer Gesellschaft, daß es sich von der herrschenden Tempobeschleunigung der menschlichen Tätigkeit in verschiedenen Bereichen durch eine *Tempoverlangsamung* unterscheidet. Wer einem Bauern beim Wirken zusieht, sieht sofort, daß man die entsprechende Arbeit, wäre sie rein mechanisch, auch schneller besorgen könnte. Oder, wer einem Handwerker beim Wirken zusieht, sieht sofort, daß es sich von industrieller Arbeit sehr stark unterscheidet, denn industrielle Arbeit würde die einzelnen Tätigkeiten differenzierter, mechanischer und schneller verrichten.

Keine nostalgische Betrachtung

Von daher muß eine grundlegende phänomenologische Unterscheidung zwischen Arbeiten und Wirken gemacht werden. Ich mache freilich darauf aufmerksam, daß in dieser grundlegenden phänomenologischen Unterscheidung Versuchungen stecken. Eine dieser Versuchungen ist eine „konservative" Betrachtungsweise dieses Phänomens, indem man zwischen dem früheren guten „Werken" oder „Schaffen" und dem jetzigen knechtischen „Arbeiten" zu unterscheiden beginnt und daraus eine Analyse der Gesellschaft als Leistungsgesellschaft ableitet, in der der einzelne Mensch aufgrund der Vorherrschaft ganz bestimmter Leistungen heute gleichsam „werkunfähig" wird, also unfähig zur Selbsttätigkeit, zum Besorgen seiner eigenen Existenz, und damit gleichzeitig auch unfähig zur Freizeit und unfähig zur Muße[3]. Um dies zu begründen, werden merkwürdige Phänomene herangezogen, z. B. wird darauf aufmerksam gemacht, daß das Reisen in einer Kutsche früher äußerst mühselig gewesen ist und dennoch nicht so einen großen Streß mit sich gebracht hat wie heute das Fahren mit dem Auto auf der Autobahn. Es ist also sozusagen ein Hochschaukeln von Fremdbestimmung, nicht nur im Bereich der Arbeit selbst, sondern im Bereich der Arbeitserleichterung.

Solche Beispiele haben etwas sehr Bedenkliches an sich. Man darf den Fortschritt nicht außer acht lassen, der darin besteht, daß man heute im Auto statt wie früher in einer Postkutsche über eine Strecke gefahren wird. Wer passiv an diesem Fahren teilnimmt, hat sicherlich heute den größeren Vorteil, und ich möchte auch gerne einmal wissen, was der frühere Postkutscher zu dieser Unterscheidung gesagt hätte, was die Streßbestimmung der früheren Tätigkeit anbetrifft. Mir scheint, hier besteht die ideologische Versuchung darin, daß man die Unterscheidung von Werk und Arbeit auf eine wertende Unterscheidung zwischen früher und heute reproduziert.

Geschichtlicher Hintergrund der phänomenologischen Unterscheidung

Aber selbst wenn wir dies nicht tun und der romantischen Versuchung widerstehen wollen, das Phänomen des Wirkens als ein Phänomen einer bestimmten vergangenen Kultur des Menschen, damit beispielsweise auch das Phänomen der Muße als ein Phänomen einer vergangenen Kultur zu erklären und zugleich einer gewissen Nostalgie Vorschub zu leisten, so meine ich doch: Man kann aus der klassischen Tradition die Unterscheidung zwischen Wirken und Arbeiten bestätigen. Diese phänomenologische Unterscheidung bestätigt sich auch sprachlich in den verschiedenen klassischen Traditionen: in der lateinischen Unterscheidung von

„opus" und „operatio", die dem Wirken zugeordnet sind, auf der einen Seite, und „labor" und „negotium" auf der anderen Seite, wobei in „labor" und „negotium" die Fremdbestimmtheit der Tätigkeit festgehalten ist, und zwar der körperlichen Tätigkeit in „labor" und der geistigen Beschäftigung in „negotium". „Negotium" steht auf geistiger Ebene im Gegensatz zu „otium", Muße. Es ist die Begrenzung der Muße in der Notwendigkeit geistiger Beschäftigung. Es ist nicht unwichtig, auf solche Perspektiven hinzuweisen, denn das benediktinische „ora et labora" spricht zum Beispiel in „labora" eine körperliche Tätigkeit an und ist auch so in der Tradition verstanden worden.

Neben der Unterscheidung zwischen opus/operatio auf der einen Seite und labor/negotium auf der anderen Seite wären die griechischen Unterscheidungen (z. B. bei Aristoteles) zwischen „praxis" und „techne" heranzuziehen: „praxis" als die Tätigkeit, in der der Mensch sich selbst besorgt, in der er also „wirkt", und „techne" als die Tätigkeit des Menschen, in der er Produkte herstellt, also als Subjekt hinter den Erfordernissen der Werkzeugfertigkeit bzw. der Produktherstellung zurückbleibt.

In der biblischen Sprache findet sich die Unterscheidung ebenfalls. So wird zum Beispiel im Alten Testament die liturgische Tätigkeit, die mit Wirken zu tun hat und deswegen ein schöpferisches Element in sich trägt, also auch das, was Gott tut, als „melakah" bezeichnet (in Verbindung mit dem Wort für König, melek). Dagegen wird „abodah" als die eigentliche „Arbeit" betrachtet, also die Fron, als Sklavenarbeit oder Dienstbarkeit. Auch hier ist der Zusammenhang mit „äbäd", dem Knecht, dem Sklaven, deutlich. Werk und Arbeit entsprechen also genau der Unterscheidung zwischen dem Menschen als Herrn und dem Menschen als Knecht. In der griechischen Bibelsprache zeugt sich diese Unterscheidung fort in „kopiao" (für die Arbeit) und „ergazomei" (für das menschliche Wirken im Sinne des Besorgens der eigenen Existenz).

2
Der theologische Hintergrund

Interpretation des göttlichen Tätigseins

Die sprachlichen Beobachtungen führen auf einen theologischen Hintergrund zurück. Über die Phänomenologie, über die klassische Sprachtradition und die biblische Sprache gerät man an eine theologische Unterscheidung, die in der „Theologie der Arbeit" der 50er Jahre, aber auch in mancherlei gegenwärtigen Reprisen dieser Theologie außer acht gelassen wird: Gott ist nämlich nicht der erste „Arbeiter" im Sinne dieser Unterscheidung. Gott ist nicht in irgendeiner Weise eine Modellform des menschlichen Phänomens der Arbeit. Gott „arbeitet" nicht, er wirkt. Es sind zwei Elemente des Wirkens an der Tätigkeit Gottes zu beobachten, und zwar gilt dies nicht nur für die Schöpfungstätigkeit, sondern auch für die Erlösungs- und Vollendungstätigkeit Gottes: Der eine Aspekt ist die freie Selbsttätigkeit, die Gottes Wirken vollzieht, also der Aspekt der Nicht-Fremdbestimmtheit. Jede Tätigkeit Gottes ist der Ausdruck seiner selbst. Eine Tätigkeit, in der das betreffende Subjekt Ausdruck seiner selbst ist, ist eine autarke Tätigkeit.

Das zweite Merkmal ist: Gott benutzt keinerlei Instrumente bei seinem eigenen Wirken, sondern er wirkt grundsätzlich alles, was er selbst wirkt, mit sich selbst und durch sich selbst. Es gibt also hier keinen Unterschied zwischen Subjekt der Tätigkeit, Instrument der Tätigkeit und Erfolg der Tätigkeit. Es scheint uns wichtig, diesen Strukturzug der Tätigkeit Gottes im Auge zu behalten. Dann kann nämlich das Schöpfungs*werk* Gottes nicht zum Symbol menschlicher *Arbeit* werden. Dann kann auch die Erlösungstätigkeit Gottes, dargestellt im Christusereignis, nicht zum Modell des Arbeitens am Heil des Menschen gemacht werden. Dann kann schließlich auch nicht die Arbeit als das evolutionäre Modell betrachtet werden, in dem Gottes Vollendungstätigkeit zum Punkt Omega hin sich verdeutlicht, wie das etwa Teilhard de Chardin gesehen hat[4]. Es ist wichtig, daß „prozessuale" Theologie, also die Logik der Rekonstruktion der Tätigkeit Gottes, nicht am Modell der Arbeit festgemacht wird.

Der Schöpfungssegen liegt im Wirken

Was bedeutet es nun für den Menschen, daß Tätigkeit, bezogen auf die theologische Dimension, im wesentlichen zunächst einmal „Wirken" ist? Dies kann für den Menschen nichts anderes heißen, als daß seine Tätigkeit, bezogen auf seine Gottebenbildlichkeit und den mit dieser Gottebenbildlichkeit verbundenen Segen Gottes über der menschlichen Tätigkeit, zunächst nur insofern mit *theologischer* Dignität versehen werden kann, als sie Wirken ist. Dies bedeutet sehr viel für die Auslegung etwa des Schöpfungsberichtes (Gen 1, 27.28), wo ja von der Gottebenbildlichkeit des Menschen die Rede ist und wo als Folge dieser Gottebenbildlichkeit das Wirken des Menschen in der Schöpfung genannt wird. Darin liegt der Abbildcharakter der menschlichen Tätigkeit gegenüber Gottes Wirken. Wenn die menschliche Tätigkeit ihre Gottebenbildlichkeit, also den theologischen Begriff der Menschenwürde, darin findet, daß sie Gott als Schöpfer abbildet, dann kann diese Symbolkraft nur insofern in der menschlichen Tätigkeit liegen, als sie *wirkt*. Dies gilt auf der Ebene der schöpfungstheologisch begründeten Gottebenbildlichkeit des Menschen und seiner Menschenwürde. Die menschliche Tätigkeit, in der die Verwandlung des Kosmos mitgewirkt wird, erscheint nicht unter dem Signum der Arbeit, sondern unter dem Signum des Werkes und des Wirkens.

*Die Gefahr hierarchischer Betrachtung
menschlichen Tätigseins*

Wenn dies zunächst biblisch und theologisch klar zu sein scheint, stellt sich um so mehr die Frage, warum sich dies geschichtlich verändert hat. Eine Veränderung dieses theologischen Ausgangspunktes ist sicherlich bedingt durch die Konkurrenz von biblischem und griechischem Denken im Hinblick auf die menschliche Tätigkeit. Wir haben schon darauf aufmerksam gemacht, daß auch das griechische Denken, etwa in der Unterscheidung von „praxis" und „techne", durchaus in der Lage war, die Unterscheidung von Wirken und Arbeiten begrifflich und phänomenologisch zu fassen. Auf der anderen Seite aber litt das griechische Denken unter seiner Unterscheidung zwischen einer stets entfremdeten menschlichen Tätigkeit einerseits, zu der auch die menschliche Praxis gehörte, und einem Raum menschlicher Freiheit und menschlicher Selbsttätigkeit anderseits, in der der Mensch sich eher schauend als tätig zu seiner Wirklichkeit verhält[5]. Auf eine Formel gebracht: Die Verarbeitung der Unterscheidung von Arbeit und Werk litt im griechischen Denken am Konzept der Unterscheidung zwischen Kontemplation und Aktion. Die Unterscheidung zwischen Kontemplation und Aktion ist keine biblische, sie ist vom griechischen Denken geprägt. Die Begegnungsgeschichte zwischen biblischer Tradition und griechischem Denken überfremdete die ursprüngliche Unterscheidung zwischen Arbeit und Werk durch die Unterscheidung zwischen Wirken und Schauen, wie sie durch die klassische griechische Tradition grundgelegt ist. Man braucht exemplarisch nur auf Augustinus zu verweisen, der die Betrachtung menschlicher Tätigkeit ganz nach der griechischen Hierarchie klassifizierte, wonach die eigentliche menschliche Tätigkeit das Werk des Schauens darstellte, von welchem jede andere Tätigkeit, auch die Tätigkeit der praktischen Besorgung der menschlichen Existenz, darunter die moralische Tätigkeit, als eine Nicht-Muße, als „negotium", zu unterscheiden war. Dieses Modell stand in der Gefahr, die konkrete Existenz des Christen auf zwei Ebenen einzuteilen. Eine Ebene ist gekennzeichnet mit dem Vorrang des menschlichen „Wirkens" als Schau, dies vor allen Dingen in dem Bereich der kontemplativen Ordensgeschichte. Die andere Ebene ist zu beschreiben als Verwandlung der fremdbestimmten Tätigkeit, d. h. der Arbeit, durch ihre theologische Absegnung und ihre spirituelle Umdeutung zur höchsten Form schöpferischer Tätigkeit. Diese Verwandlung geschah durch die Predigt vor allem der Bettelorden. Über Jahrhunderte hinweg hat man den Menschen gepredigt, sie sollten ihre noch so belastete und geringfügige, menschlich fremdbestimmte Arbeit im Sinne der Schöpfertätigkeit Gottes vollziehen, also Arbeit durch spirituelle Aufarbeitung ihrer Belastung in Werk verwandeln. Dies geschah im Zeichen des Tragens der Folgen der Sünde und damit zugleich des Tragens des Fluches und der Übernahme der Nachfolge Christi im „Kreuztragen". (Auf die legitime Seite dieser Perspektive wird noch einzugehen sein.)

Verdrängung einer biblischen Unterscheidung

Das griechische Denken hat also eine biblische Unterscheidung überlagert. Nach der biblischen Unterscheidung ist das „Wirken" eine Fortsetzung des Segens, den Gott als Schöpfer über den Menschen ausspricht und eine Fortsetzung der Gottebenbildlichkeit, während die „Arbeit" durch die Belastung und den Mangel an Selbsttätigkeit als Folge des Sündenfluches erscheint. Die Spannung zwischen Segen und Fluch, die in der menschlichen Tätigkeit zum Ausdruck kommt und sie ins Extreme auseinandertreiben kann, ist sicherlich eine Spannung, die sich nicht einfach durch eine fein säuberliche Unterscheidung des menschlichen Tätigseins kennzeichnen läßt. Dies wäre wiederum eine typische Gefahr klassifikatorischen Denkens, wenn man die verschiedenen Formen menschlicher Tätigkeit unter die beiden Oberbegriffe von „Wirken" und „Arbeiten" zu subsumieren versuchte. Die Unterscheidung von Arbeit und Werk ist zwar eine Unterscheidung, die an bestimmten Extremen phänomenologisch verifiziert werden kann. Zugleich aber ist sie eine analytische Unterscheidung, der in der Regel im Alltag eine Mischung von Arbeiten und Wirken beim Menschen gegenübersteht, die einmal mehr von der einen oder von der anderen Seite geprägt ist.

Das prozeßtheologische Verständnis menschlichen Tätigseins

Im Anschluß an den Hinweis auf die grundlegende schöpfungstheologische Unterscheidung sei noch auf das prozeßtheologische Verständnis aufmerksam gemacht, unter dem gerade die menschliche Tätigkeit in besonderer Weise von Bedeutung erscheint. Wenn man einmal die griechische Dichotomie zwischen Wirken und Schauen beiseite läßt und nur auf die Analogie des Wirkens zwischen dem Schöpfer auf der einen Seite und dem menschenwürdig tätigen Menschen auf der anderen Seite abstellt, dann kann man ohne weiteres sagen: Insofern der Mensch in seiner Tätigkeit „wirkt", vollzieht er das Geschehen der Schöpfung mit, und so spiegelt sich in ihm die Schöpfung als eine Wirklichkeit Gottes.

Das ist ein Grundgedanke, der sich bei einem mittelalterlichen „Prozeßtheologen", bei Meister Eckhart, wiederfindet. Wenn Gott durch die ihm wesenhafte Tätigkeit gekennzeichnet ist, wie das philosophisch-theologisch im mittelalterlichen Aristotelismus der Fall war, ja wenn Gott selbst zugleich Ruhe und reine Tätigkeit ist, dann ist das Ergebnis seiner Tätigkeit eine Wirklichkeit, nicht im Sinne eines in sich ruhenden statischen Produktes, sondern im Sinne eines Geschehens, in dem das Wirken Gottes als Schöpfer dauernd aktuell anwesend ist. Diese aktuelle Anwesenheit des Wirkens Gottes verdichtet sich dort, wo der Mensch in die Abbildhaftigkeit gegenüber der freien Tätigkeit Gottes hineingerät, wo dem Menschen es also gelingt, Wirkender zu sein. Insofern kann die „vita activa" als Nachvollzug der Wirklichkeit Gottes betrachtet werden. Es entscheidet sich dann am Wie der menschlichen Tätigkeit, wieweit sie unter der Verheißung des Segens oder unter dem Gesetz des Fluches steht, inwieweit sie also eine Befreiungs- oder eine Entfremdungsgeschichte des Menschen bedeutet.

Notwendigkeit und Sorge in der menschlichen Arbeit

Wenn man diese schöpfungstheologische Überlegung ernst nimmt, bedeutet sie für die menschliche Arbeit *nicht*, daß sie, als unter dem Weiterwirken des Fluches und der Erbsünde stehend, ausschließlich negativ betrachtet wird. Paulus macht die Thessalonicher, um dem vorzubeugen, darauf aufmerksam, daß die Arbeit nicht unter dem eschatologischen Vorbehalt steht, vor allem nicht die Arbeit, die zur Herstellung der notwendigen menschlichen Bedürfnisse geschieht (vgl. 2 Thess 3, 11–13). Es käme also darauf an, bei der menschlichen Arbeit – über die Distinktion zum menschlichen Wirken hinaus – noch einmal zu unterscheiden: zwischen Arbeit als Ausdruck der alltäglichen Notwendigkeit, der Erfüllung der menschlichen Grundbedürfnisse und Arbeit als Ausdruck der strukturellen Entfremdung des Menschen. Die strukturelle Entfremdung des Menschen in der Arbeit wird bei den Synoptikern im allgemeinen als Sorge, als „merimna" gekennzeichnet (vgl. die Maria-Marta-Geschichte Lk 10, 38–42). Im Anschluß daran hat Johannes Chrysostomus darauf aufmerksam gemacht, daß es beim christlichen Verständnis der täglichen Arbeit, also der mühseligen Arbeit, auf die Trennung von *Arbeit* und *Sorge* entscheidend ankäme[6]. Die biblische Vorstellung von „Entfremdung" ist also die der menschlichen Tätigkeit innewohnende Sorge, nicht im Heideggerschen Sinne als Sorge um die eigene Existenz verstanden, sondern als vorwiegendes Interesse an der Sicherstellung der Existenz im Materiellen.

3
Ideologie der Arbeit in der Neuzeit

War die Gefahr des griechisch gefärbten theologischen Denkens das Überspringen der Dimension des Wirkens, so brachte die Neuzeit das große Mißverständnis des Wirkens als Arbeit. Zwei Elemente sind hier zu nennen, die zur Ideologie der Arbeit in der Neuzeit gehören.

Das Perfekte dient zur Verschleierung des Defekten

Das Perfekte dient zur Verschleierung des Defekten, indem in der Hierarchie, die zwischen Wirken als Selbstverwirklichung, Arbeit als Notwendigkeit und Arbeit als Fluch besteht, jeweils die niedere Form der menschlichen Tätigkeit mit dem spirituellen Segen der höheren Tätigkeit versehen wird. Wer unter der Last der entfremdeten Arbeit leidet, dem wird die Notwendigkeit der Arbeit gepredigt, wer unter der Notwendigkeit der Arbeit leidet, dem wird die Freiheit der Selbsttätigkeit in der Arbeit als spirituelle Möglichkeit angedient. Dies geschieht in einer ganz konkreten Form: Die Verschleierung der defekten Arbeitswirklichkeit geschieht zum Beispiel durch den Hinweis auf Beruf und Berufung. Dieser Veredelung der defekten Arbeitswelt durch Beruf und Berufung sind bereits die deutsche Mystik (besonders Johannes Tauler) und Martin Luther „schuldig" geworden. Sie haben das Element der geistigen „Klesis" in den Paulusbriefen in das Element des weltlichen Berufs übertragen. Die Analogie zwischen geistiger Berufung und weltlichem Beruf drückt sich etwa bei Johannes Tauler darin aus, daß auch der arme „Mistkärrner" in seiner Tätigkeit die göttliche Wirklichkeit nachvollziehe[7]. Nach Martin Luther ist jeder weltliche Beruf nichts anderes als eine Teilhabe an der Schöpfertätigkeit Gottes, soweit sie sich in der Geschichte vollzieht.

Spirituell gesehen sind diese Grundgedanken nicht etwa falsch. Selbstverständlich kann man in einer noch so sinnentleerten Form der Tätigkeit spirituelle Akte zu ihrer Veredelung setzen. Und es ist sicherlich auch nicht falsch, wenn man das tut. Das Problem liegt eher darin, daß hier ein Grundverständnis der menschlichen Arbeit gefördert wurde, das an der Wirklichkeit auch der menschenunwürdigen Arbeit nicht nur geschichtlich nichts änderte, sondern sie statt dessen geistlich transformierte. Dies geschieht heute zum Beispiel auch dann, wenn man zur Verschleierung des Defekten an der menschlichen Arbeit das Künstler- oder Akademikermodell heranzieht und dieses Modell zur Veredelung der menschlichen Arbeit jedem, gleich in welcher Lage und gleich in welcher unwürdigen Form der menschlichen Tätigkeit, andient. Ein weiteres Modell, das zur Veredelung anderer Vorstellungen und Wirklichkeiten von Arbeit dienen mußte, ist das Unternehmermodell: Jeder wird gleichsam als der eigene Unternehmer betrachtet, und die Unternehmerverantwortung erscheint als Paradigma für die Verantwortung der menschlichen Arbeit. Auch die Ausgleichsmodelle zwischen Arbeit und Freizeit bzw. Konsum haben die gleiche ideologische Funktion der Verschleierung der defekten Wirklichkeit und des perfekten Überbaues über dieser defekten Wirklichkeit. Arbeit wird in all diesen Formen durch Interpretation aufgewertet und nicht durch strukturelle Änderung in eine andere Dimension gehoben.

Wandel der Charakteristik der Arbeit

Man muß zunächst einmal auf die Veränderungen im Begriff der Arbeit hinweisen.

Dazu gehört *erstens* die technisch möglich gewordene Aufhebung der natürlichen Einschränkungen und Rhythmen bei der Arbeit. Durch die Erfindung der Beleuchtung z. B. sind die natürlichen Einschränkungen der Arbeit durch die Nacht aufhebbar geworden. (Das Elisabethanische Theater konnte beispielsweise nur nachmittags stattfinden, weil es unmöglich gewesen wäre, diese Aufführungen mit den damaligen Mitteln entsprechend zu beleuchten.)

Eine *zweite* Wandlung des Charakters der Arbeit in der Neuzeit ist die Aufhebung der Eingrenzung durch die Kultur des religiösen Feierns. Ausdruck dieser religiösen Kultur war beispielsweise im Mittelalter, daß ein Drittel der Jahrestage (mit den Sonntagen) als Feiertage betrachtet werden durften.

Drittens gehört zu den Wandlungen des neuzeitlichen Charakters der Arbeit die fortschreitende Arbeitsteilung und Arbeitsgliederung. Damit ist eine Einschränkung der Mehrdimensionalität menschlichen Arbeitens verbunden. Die Eindimensionalität des Sklaven, der immer dieselbe Arbeit verrichtete, wird, wenigstens anfangs, zum Modell der Eindimensionalität des Industriearbeiters.

Durch die Industriegesellschaft, die sich vor allen Dingen als Arbeitsgesellschaft darstellt, geschieht *viertens* eine weitgehende Gleichschaltung der Arbeit. Die durch Gliederung und Arbeitsteilung so unterschiedliche Arbeit wird im Hinblick auf ihre soziale und ökonomische Referenz gleichgeschaltet, so daß der Mensch, ganz unabhängig davon, *welche* Arbeit er verrichtet, in welcher Richtung er beispielsweise spezialisiert ist, im wesentlichen als *Arbeiter* in den Blick kommt und nicht als „Werktätiger", der eine *bestimmte* Tätigkeit vollzieht. Er wird in erster Linie nicht mehr von der spezifischen Tätigkeit her, nicht mehr vom Fach, nicht mehr vom Beruf her qualifiziert, sondern eher vom Arbeitscharakter seiner Tätigkeit her bestimmt.

Fünftens gehören zu diesen Wandlungen die in der Arbeit zu beobachtenden Formen von Sinnverlust. Sie sind mit dem Übergang vom Beruf zum Job verbunden. Darüber hinaus werden sie mit den Grenzen der Kompensation von Arbeit durch Freizeit und Konsum erfahren. Dieser Sinnverlust ist ferner heute durch die ökologische Krise geprägt und auch durch die Erfahrung mitbestimmt, daß durch die Beteiligung, durch die freien Zugangswege, durch die Chancengleichheit im Hinblick auf die Arbeit doch die Emanzipation des Menschen (man denke nur an die Emanzipation der Frau) nicht entsprechend gesichert werden konnte.

Wie versteht die Neuzeit die Arbeit als Entfremdung?

Alle diese Phänomene des Wandels der Arbeit in der Neuzeit stellen in ihrer Entwicklung eine Basis für eine *neue* Entfremdungstheorie der Arbeit dar. Die Diagnose des Defekten an der menschlichen Arbeit geht jetzt davon aus, daß diese Fremdbestimmung erst durch den ökonomischen Arbeitsprozeß notwendig gemacht wird. Entfremdet ist die Arbeit nicht mehr deswegen, weil sie unter einer grundsätzlichen ontologischen Perspektive des möglichen Verfalls menschlicher Tätigkeit steht, sondern weil sie nicht wert ist, was sie wert ist, weil ihr die mögliche Selbstbestimmung, Selbsttätigkeit genommen wird, indem das Produkt der Arbeit nicht dem Arbeitenden selbst zur Verfügung steht. Nur jener Teil, der zur Lebenserhaltung notwendig ist, wird in der Form des Lohnes abgezweigt, aber die Produktivität der Arbeit wandert in die Disposition des Kapitals ein, insofern sie nicht (auch) Bestimmungsfaktor des Lohnes ist.

Was also in der Arbeit noch einen Restbestand von menschlichem Wirken darstellt, wird dem arbeitenden Menschen durch den ökonomischen Prozeß kapitalistischer Arbeitsverwertung entzogen. Sinn muß demnach also dadurch wieder hergestellt werden, daß die Arbeit wieder in die Disposition der arbeitenden Menschen hineingerät.

4
Die Antwort von „Laborem exercens"

Zwischen einem theologischen Verständnis von Entfremdung in der Arbeit und einem marxistischen Verständnis der Entfremdung in der Arbeit besteht keine grundsätzliche Widersprüchlichkeit, sondern die Analogie, die zwischen einer metaphysischen und einer historischen Diagnose möglich ist. Selbstverständlich kann diese Analogie nur aus theologischer und nicht aus marxistischer Perspektive aufrechterhalten werden, weil die metaphysische Sehweise der Arbeit in marxistischer Perspektive als Überbau erscheinen muß. Ich glaube aber doch deutlich gemacht zu haben, daß die historisch richtig diagnostizierten Elemente des Überbaues gerade in dem ideologischen Motiv enthalten sind, daß das Perfekte zur Verschleierung des Defekten dient. Dieses ideologische Motiv ist kein ursprünglich theologisches. Das Mißverständnis der Ideologie der Arbeit hat also auf der einen Seite historische Ursachen in der Entwicklung der neuzeitlichen Arbeit, die mit marxistischer Diagnose erfaßt werden können, auf der anderen Seite aber in einer spirituellen Identifizierung von Arbeit und Werk.

Identifizierung von Arbeit und Werk
als theologisches Mißverständnis

Diese spirituelle Identifizierung von Arbeit und Werk läßt sich als theologisches Mißverständnis in der Enzyklika „Laborem exercens" (1981) beobachten. Ich will im folgenden nur einige Beispiele nennen:

Im 4. Kapitel des zweiten Teils „Die Arbeit und der Mensch" wird auf das Buch Genesis verwiesen, und dort heißt es: „Die Kirche schöpft bereits aus den ersten Seiten des Buches Genesis die Überzeugung, daß die Arbeit eine fundamentale Dimension der menschlichen Existenz auf Erden darstellt. Die Untersuchung dieser Texte macht uns bewußt, daß in ihnen, manchmal in archaischer Ausdrucksweise, die grundlegenden Wahrheiten über den Menschen bereits ausgesprochen sind ... Wenn gesagt wird, ‚Seid fruchtbar und vermehrt euch, bevölkert die Erde und macht sie euch untertan' (Gen 1, 28), so beziehen sich diese Worte zwar nicht direkt und ausdrücklich auf die Arbeit des Menschen, weisen ihn jedoch zweifellos indirekt schon darauf hin als eine Tätigkeit, die er in der Welt zu verrichten hat. Ja, sie zeigen bereits ihr tiefstes Wesen auf. Der Mensch ist unter anderem deshalb Abbild Gottes, weil er von seinem Schöpfer den Auftrag empfangen hat, sich die Erde untertan zu machen und sie zu beherrschen. Indem der Mensch den Auftrag erfüllt, spiegelt jeder Mensch das Wirken des Weltenschöpfers selbst wider."

Arbeit als „Teilnahme am Werk des Schöpfers"?

Bei diesem theologischen Ansatz kann es nicht verwundern, daß in der Spiritualität der menschlichen Arbeit (Kap. 25 ff) von der Arbeit als „Teilnahme am Werk des Schöpfers" die Rede ist: „Im Wort der göttlichen Offenbarung ist diese fundamentale Wahrheit zutiefst eingeprägt, daß der Mensch als Abbild Gottes geschaffen, durch seine Arbeit am Werk des Schöpfers teilnimmt und es im Rahmen seiner menschlichen Möglichkeiten und seines Wissens weiterentwickelt und vollendet, indem er unaufhörlich fortschreitet in der Entdeckung der Schätze und Werte, welche die gesamte Schöpfung in sich birgt. Das Bewußtsein von der menschlichen Arbeit als einer Teilnahme am Gotteswirken muß, wie das Konzil lehrt, auch das gewöhnliche alltägliche Tun durchdringen, denn Männer und Frauen, die beim Erwerb des Lebensunterhaltes für sich und ihre Familie ihre Tätigkeiten so ausüben, daß sie ein sinnvoller Dienst für die Gesellschaft sind, werden mit Recht überzeugt sein, daß sie durch ihre Arbeit das Werk des Schöpfers weiterentwickeln, daß sie dem Wohl ihrer Brüder dienen und dadurch ihr persönliches Bemühen zur geschichtlichen Erfüllung des göttlichen Plans beitragen." Genau nach dieser Vorstellung werden dann die verschiedenen Berufe des Menschen mit der entsprechenden Würde versehen, und zwar mit der Begründung, daß sie schon im Alten Testament vorkommen:

In den Büchern des Alten Testamentes, heißt es im Kapitel 26, fehle es nicht „an zahlreichen Hinweisen auf die menschliche Arbeit, auf die verschiedenen Berufe, den Arzt, den Apotheker, den Kunsthandwerker, den Schmied (man könnte das auf die Metallarbeiter von heute beziehen), den Töpfer, den Landwirt, den Gelehrten, den Seefahrer, den Bauarbeiter, den Musiker, den Hirten, den Fischer . . ." Aus solchen Vorstellungen wird deutlich genug, was ich für ein großes Mißverständnis und für eine Ideologie der Arbeit halte: daß nämlich durch die Ineinssetzung von Wirken und Arbeiten im Grunde durch eine *Interpretation* vom Wirken her die Würde der menschlichen Arbeit „hergestellt" wird.

Industrielle Arbeit ist nicht
mit humaner Tätigkeit gleichzusetzen

Die anderen Probleme, die nicht metaphysischer, sondern historischer Natur sind, sind ebenfalls in der Enzyklika zu beobachten, nämlich die Ineinssetzung von neuzeitlicher industrieller Arbeit mit der Tätigkeit des Menschen schlechthin. Das Beispiel vom Schmied, den man heute als Metallarbeiter bezeichnen könnte, macht das ganz konkret deutlich. Der grundsätzliche Wandel des neuzeitlichen Arbeitsverständnisses kommt auf diese Weise nur unzulänglich in den Blick. Das hat dann zur Konsequenz, daß das neuzeitliche Recht auf Arbeit unter dem Gesichtspunkt der Menschenwürde als ein Recht des Menschen auf Wirken und nicht als ein Recht des Menschen auf Erfüllung seiner Grundbedürfnisse interpretiert wird. Wenn man nämlich die theologische Unterscheidung ernst nimmt, dann könnte, theologisch gesehen, das Recht des Menschen auf Arbeit nur so interpretiert werden, daß es ein Recht des Menschen auf eine schlichte *Notwendigkeit* enthält, nämlich die ökonomischen Mittel zu erwerben, seine Grundbedürfnisse zu befriedigen. Dieses Recht auf Arbeit im Sinne des Rechtes auf eine Notwendigkeit, als eine notwendige, wenn auch nicht zureichende Bedingung zur Erfüllung der Grundbedürfnisse, kann nicht ideologisch *so* verbrämt werden, daß im Recht auf Arbeit zugleich das Recht auf menschenwürdiges Dasein gesichert zu sein scheint. Dann entsteht nämlich das Problem, das wir im Hinblick auf das Thema der Arbeitslosigkeit noch vor uns haben: Derjenige, der am Recht der Arbeit nicht teilhat, kann seine Existenz nicht allein so interpretieren, daß ihm jetzt die notwendigen Mittel fehlen, um seine Grundbedürfnisse zu erfüllen, daß er sozusagen an den Notwendigkeiten beschnitten wird, sondern er erfährt seine Existenz so, als sei er um ihren Sinn und um seine Menschenwürde gebracht. Wenn Arbeit in diesem Sinne, gleich wie sie ist, aufgewertet wird, ist sozusagen der Arbeitsplatz nicht nur eine Notwendigkeit, sondern ein Ausdruck der menschlichen Würde. Wenn aber von Selbstverwirklichung des Menschen im Sinne der Realisation der menschlichen Würde die Rede ist, dann sagt ja schon der Begriff Selbstver*wirk*lichung (wobei man natürlich vorsichtig sein muß mit solchen sprachlichen Anklängen), daß es hier um ein *Wirken* geht und nicht um ein Arbeiten. Unsere Sprache ist ein feiner Seismograph für diesen Unterschied.

5
Voraussetzungen der Befreiung

Die Voraussetzungen der Befreiung im Wirken

Was wäre nun die Voraussetzung der Befreiung des Menschen zu seiner menschlichen Würde in Werk und Arbeit? Das muß in verschiedener Weise betrachtet werden: Die Voraussetzung der Befreiung des Menschen in seinem *Werk* kann ganz klar benannt werden. Der Mensch befreit sich dann in seinem Wirken, wenn er dieses Wirken in bezug auf sich *selbst* vollzieht und nicht im Sinne einer Verobjektivierung seiner Tätigkeit im Produkt. Auch dies ist ein Gedanke, der sich schon bei Meister Eckhart findet. Das eigentliche Merkmal des freien Wirkens des Menschen liegt darin, daß er durch dieses Wirken selbst *mehr* wird. Daß also nicht das Werk den entscheidenden Erfolg dieses Wirkens darstellt (und die Sorge um dieses Werk), sondern die Veränderung des Menschen selbst, der dieses Werk tut, die *Selbst*verwirklichung. Dabei sind gegenüber dem Ausdruck „Selbstverwirklichung" ohnedies theologische Bedenken einzubringen, denn ich meine, man müßte die Sorge um das Selbst mit der sozialen Komponente zusammen sehen als Selbst*erwirkung* im sozialen Kontext. Daß der Mensch sich im Wirken befreit, heißt, daß er sein Selbst befreit. Denn die Freiheit ist ja nicht so zu sehen, daß sie sich im Ergebnis des Wirkens, im Werk als Produkt entfaltet. Schöpferische Freiheit zeigt sich vielmehr im Zuwachs an menschlicher Befreiung im Subjekt. Darauf hat auch „Laborem exercens" aufmerksam gemacht, indem der Text zwischen der Subjektseite der Arbeit und der Objektseite der Arbeit unterscheidet. Nur ist eben diese Unterscheidung nicht zureichend, um den Unterschied zwischen Arbeit und Werk deutlich genug zu fassen. Die Voraussetzung der Befreiung im Wirken kann also ziemlich klar skizziert werden.

Die Voraussetzungen der Befreiung in der Arbeit

Viel schwieriger sind die Voraussetzungen der Befreiung im Arbeiten zu zeigen.

Eine *erste* Befreiung in der Arbeit ist die Annahme ihrer Notwendigkeitsstruktur bei gleichzeitigem Widerstand gegen ihre Unterdrückungs- und Entfremdungsstruktur.

Eine *zweite* Voraussetzung der Befreiung in der Arbeit ist, daß die Arbeit die Partizipation und Solidarität der Menschen ermöglicht. Es ist arbeitspsychologisch längst festgestellt worden, daß die Reduktion der Sinnerfüllung in der Tätigkeit selbst, also das Verschwinden der Elemente des Wirkens in der Arbeit, nur durch Zunahme von Partizipation der Menschen an den Entscheidungen über den Arbeitsprozeß und durch ein Mehr an Solidarität unter den Arbeitenden selbst kompensiert werden kann.

Drittens gehört zur Befreiung des Menschen in der Arbeit die Wiederherstellung des naturalen Gleichgewichtes der Arbeit. Auch hier wäre auf ein theologisches Element hinzuweisen. Der Mensch ist gerade nicht darin Herr über die Natur, daß er die Natur bloß als beherrschbares Objekt betrachtet. Das ergibt sich schon daraus, daß die Natur als Schöpfung, als Kreatur, mit dem Menschen zusammen als Kreatur gewirkt hat, so daß der Mensch, wenn er sein vorspezifischmenschliches naturales Dasein nicht als solches ernst nimmt, zugleich die Menschenwürde seines Daseins zerstört. Also es müßte ein neuer Naturbezug in der Arbeit hergestellt werden.

Schließlich gehört *viertens* zur Voraussetzung der Befreiung in der Arbeit die Möglichkeit von Elementen des Wirkens in der Arbeit, also die Veränderung von Arbeit durch Zusatz von Elementen des menschlichen Wirkens. Nun ist es immer weniger möglich, Arbeitsprozesse in sich selbst so zu verändern, daß sie dem Menschen noch die Möglichkeit freier Selbsttätigkeit gestatten. Auf der anderen Seite ist es immer mehr möglich, diese freie Selbsttätigkeit wenngleich nicht im Einzelwirken des Menschen, so doch im Zusammenwirken der Menschen zu sichern. Ein Arbeitsprozeß, in dem befreiende Elemente des Wirkens anwesend sind, könnte dann vor allem als ein kommunikativer Prozeß verstanden werden, d. h. als ein Arbeitsprozeß, in dem Menschen noch von Angesicht zu Angesicht zusammenleben und einander als Personen noch begegnen können.

Es mag vorerst genügen, auf einige solcher Perspektiven aufmerksam zu machen. Wir werden im Zusammenhang mit der Herausforderung der Arbeitslosigkeit noch einmal auf diese grundsätzlichen Fragen zurückkommen müssen.

Förderung der Elemente des Wirkens in der Arbeit

Entscheidend für das theologische Vorverständnis war der Unterschied zwischen Werk und Arbeit. Dieser Unterschied wurde als eine analytische Unterscheidung, nicht als eine empirische Trennung verstanden. Dabei kann man freilich davon ausgehen, daß durch die beschriebene Entwicklung der neuzeitlichen Arbeitsverhältnisse auch diese empirische Trennung faktisch oft besteht.

Die Gründe dieser empirischen Trennung sind sowohl objektiver wie subjektiver Natur. Zunächst einmal überwiegen die objektiven Bedingungen. Die Entwicklung der industriellen Arbeit erlaubt aufgrund des Arbeitscharakters und der Arbeitsgliederung nicht, daß innerhalb der Arbeit Elemente des menschenwürdigen Wirkens vorhanden sein können. Subjektiv hat sich das Interesse von der Arbeit wegverlagert, wenn es um die Frage eines menschenwürdigen Wirkens geht, und in die Freizeit eingelagert, zum Teil auch in der Do-it-yourself-Arbeit und der Eigenarbeit, wo Arbeitsformen unter Vorrang der Selbsttätigkeit ausgeübt werden, die auch in der Arbeitswelt vorkommen, die aber im Zusammenhang der Freizeit viel stärker den Charakter des Wirkens in sich aufnehmen. Wir haben nun gesagt, daß die Menschenwürde im theologischen Sinn der Gottebenbildlichkeit im Wirkcharakter zum Ausdruck kommt, das heißt die Arbeit nur so weit erfaßt, als sie im Wirken umverwandelt werden kann. Die Befreiung der Arbeit bedeutet von daher die Wiederherstellung des Wirkcharakters. Dies kann durch die Form der Arbeit geschehen. Hier bestehen die größten Hemmnisse im jetzigen Produktivsektor der Arbeit. Förderung des Wirkens kann, wie gesagt, geschehen durch die Reduktion der Abhängigkeit in der Arbeit, das heißt durch eine weitgehende Teilhabe bzw. Partizipation der Arbeiter selbst, und durch eine Entfaltung von Kommunikation am Arbeitsplatz und Solidarität der arbeitenden Menschen. Wie weit heute die Befreiung der Arbeit, die Rekonstitution ihres Wirkcharakters von der Solidarität abhängt, darauf machen vor allem Dokumente der Kirchen aufmerksam. Hier ist neben „Laborem exercens" insbesondere auf das Dokument zur Arbeitslosigkeit der Evangelischen Kirche in Deutschland mit dem Titel „Solidargemeinschaft von Arbeitenden und Arbeitslosen" (Gütersloh 1982) zu verweisen.

6
Deutung der Entfremdung

Wir haben gesagt, der Befreiung in der Arbeit stehe die *Entfremdung* in der Arbeit gegenüber, und zwar als historische und als metaphysische Kategorie. Entfremdung als historische Kategorie meint die Unterdrückung der Arbeit durch die Produktionsverhältnisse. Daraus resultiert die Entfremdungsgeschichte, die sich in der modernen Ökonomie und ihren Folgen auf die Arbeitsverhältnisse ausdrücken läßt. Die metaphysische Kategorie der Entfremdung ist nichts anderes als ein Ausdruck der Differenz zwischen Werk und Arbeit. Daß die menschliche Tätigkeit überhaupt nur in dieser Differenz von Herr und Knecht und von Werk und Arbeit gedacht werden kann, im metaphysischen Verständnis also, ist freilich nicht mit der theologischen Deutung der Entfremdung in eins zu setzen.

Die Kontingenz des Menschen

Wenn wir nach der theologischen Deutung der Entfremdung in der Arbeit fragen, dann stoßen wir auf das Theologumenon der Sünde und der Sündenfolgen. Dies ist aber noch ungenau formuliert. Bezieht man die Differenz zwischen Werk und Arbeit bzw. Wirken und Arbeiten auf theologische Grundaussagen, dann wird man in der Dimension des Wirkens des Menschen, das seine freie Selbsttätigkeit widerspiegelt, in dem der Mensch also auf menschliche Weise tätig ist, schöpfungstheologisch gesehen, die *Kontingenz* des Menschen zu beachten haben. Auch das Wirken des Menschen hat also teil an dem, was mit der theologischen Kategorie der Entfremdung gemeint ist. Schöpfungstheologisch gesehen, stellt es nämlich kontingentes, d.h. begrenztes Wirken dar. Dieser theologischen Überlegung entspricht die menschliche Grenzerfahrung, die er im Wirken selber macht. Es kann ihm nicht gelingen, die autonome Eigentätigkeit, die seinem Wirken als menschenwürdigem Wirken innewohnt, in jene autarke Selbsttätigkeit zu überführen, die die Dimension des göttlichen Wirkens kennzeichnet. Kontingenz ist der Charakter der Geschöpflichkeit menschlichen Wirkens.

Entfremdung in der Arbeit als Folge der Sünde

Diese schöpfungstheologische Beobachtung der Kontingenz des Wirkens erlaubt auf der anderen Seite, die Entfremdung in der Arbeit heilstheologisch zu verdeutlichen. Die Entfremdung in der Arbeit ist nicht aufgrund der Kontingenz der Schöpfung präsent, sondern, präzise gesehen, eine Folge der Sünde. Die Sünde charakterisiert den Unterschied zwischen der Arbeit und ihrem Leidcharakter als einer Notwendigkeit zum Gewinn des täglichen Brotes, also der Befriedigung der Grundbedürfnisse des Menschen auf der einen Seite, und der Arbeit mit ihrem Leidcharakter als einer menschlich nicht mehr erklärbaren Unterdrückung des Menschen innerhalb eines menschenunwürdigen Systems auf der anderen Seite. Diese Unterscheidung zwischen Notwendigkeit und Unterdrückung muß in jedem Falle gemacht werden, um den spezifischen Charakter der Sünde zum Ausdruck zu bringen. Heilstheologisch gesehen, bedeutet die Entfremdungsgeschichte in der Arbeit nichts anderes als einen Niederschlag der „Sünde der Welt", die sich in den Strukturen menschlichen Daseins immer wieder neu intensiviert.

Teilhabe an der „Sünde der Welt"

Mit „Sünde der Welt" ist nichts anderes gemeint, als daß der Mensch die Folgen seines eigenen Handelns, geschichtlich gesehen, nicht voll wieder einholen kann. Der Mensch verfällt sozusagen der Irreversibilität seines eigenen Handelns, ganz unabhängig von seiner guten oder bösen Absicht, so daß strukturell die schlechten Folgen seines Handelns gegen seinen guten Willen erhalten bleiben. Dies bezeichnet man theologisch als „Sünde der Welt" oder, in der Terminologie der Befreiungstheologie, als „strukturelle" Sünde. Hinsichtlich der strukturellen Sünde ist theologisch zu unterscheiden zwischen dem Grundcharakter der Herrschaft der Sünde in diesem Äon über den Menschen, also der Sünde als Grundbefindlichkeit des Menschen überhaupt, und jenem Teil der strukturellen Sünde, der der Verantwortlichkeit des Menschen anheimgestellt ist. Diese Unterscheidung ist deswegen wichtig, damit nicht die sündhafte Befindlichkeit des Menschen als Argument dafür gebraucht wird, daß er nicht gegen die strukturelle Sünde zu kämpfen habe. Die existentielle Grundbefindlichkeit in der Sünde enthebt den Menschen nicht der Verantwortung, sich mit der strukturellen Sünde und ihren Folgen auseinanderzusetzen. Eine solche Auseinandersetzung ist freilich keine Auseinandersetzung im Sinne eines Fortschrittsglaubens, im Sinne eines Glaubens an die totale Aufhebbarkeit der Strukturen, im Sinne eines Glaubens an den fortschreitenden Durchbruch zu mehr Menschlichkeit. Dieser Kampf gegen die Sünde der Strukturen bedeutet vielmehr nichts anderes als so viel Verantwortlichkeit ihnen gegenüber zu übernehmen, als dem Menschen innerhalb seiner Zeit überhaupt möglich ist.

Der theologische Grund der „Aufarbeitung"
von Entfremdung

Die Verantwortlichkeit des Menschen gegenüber der strukturellen Sünde, die sich geschichtlich in der Entfremdung durch die Arbeit ausdrücken läßt, hat ihren theologischen Grund. Der Grund ethischer Verantwortlichkeit ist hier theologisch präzis darin zu fassen, daß die Erlösung des Menschen sich durch die Gleichgestaltung des Erlösers mit der Sünde vollzieht. So formuliert Paulus im Römerbrief: „Er hat den, der keine Sünde kannte, für uns zur Sünde gemacht." Die Gleichgestaltung des Erlösers mit der Grundbefindlichkeit des zu Erlösenden, die in der Rechtfertigungstheologie des Paulus im Galater- und im Römerbrief eine unbedingte Voraussetzung darstellt, bedeutet daher zugleich, daß der, schöpfungstheologisch gesehen, in unserem Wirken präsente Gott durch die Erlösung auch in unserer Arbeit und ihrer Entfremdung anwesend ist.

Was also, schöpfungstheologisch gesehen, auseinanderfällt, Werk und Arbeit, wird aus der Perspektive der Erlösungstheologie in seiner Zuordnung umgekehrt. Der Christus als Fortsetzung der alttestamentlichen Prophetie des Gottesknechtes, der Christus des Kreuzes, der am Anfang des Ersten Korintherbriefes geschildert wird, das ist nicht der Christus, der gleichsam das Urbild menschlicher Ebenbildlichkeit im Wirken darstellt, sondern es ist der Christus, der die Solidarität des Kreuzes dem Menschen in den Folgen der Sünde, dem Menschen in der entfremdeten *Arbeit*, zuwendet. Die größere Ferne, die schöpfungstheologisch zwischen Arbeit und Gotteswerk festgehalten werden muß und die theologisch oft übersprungen wird, diese größere Ferne schlägt, soteriologisch gesehen, in größere Nähe um, insofern Gott an der Grundbefindlichkeit der menschlichen Situation in der Erlösung partizipiert. Seine Solidarität mit dem Menschen in der Sünde bedeutet, daß er dieser Grundsituation näher ist, als wir es selber sind. Seine Solidarität in der Entfremdung durch die Arbeit geht weiter als die menschlich mögliche Solidarität.

Keine spirituelle Verklärung der Arbeit

Freilich muß entschieden davor gewarnt werden, aus diesem soteriologischen Gesichtspunkt eine Deutung der Arbeit zu gewinnen, die als ihre spirituelle *Verklärung* betrachtet werden könnte. Denn was ist der handlungsrelevante Sinn einer soteriologischen Kreuzestheologie, die letztlich Gottes Solidarität mit den benachteiligten Menschen, auch den Menschen in der entfremdeten Arbeit, zum Ausdruck bringt? Weder der arbeitende Mensch, insofern er unterdrückt ist, noch der arbeitslose Mensch, insofern ihm die Voraussetzung zur Befriedigung seiner Grundbedürfnisse fehlt, sind durch diese Kreuzestheologie in eine neue Grundbefindlichkeit hineingehoben, in der ihre Situation erhöht und verklärt wird. Die soteriologische Botschaft kann nicht primär zur Erhöhung und Verklärung der Situation des arbeitenden oder des arbeitslosen Menschen verwendet werden. Wo dies geschieht, da spendet Religion nur Trost, statt auch Veränderung zu erzeugen. Die theologische Grundaussage spendet wohl auch Trost, aber sie spendet ihn nicht, indem die Unterdrückten mit einer Psyche ausgestattet werden, die diese ihre Grundsituation besser aushalten läßt. Es ist eine ideologische Verwendung des Motivs der Erlösung, wenn Christus, der, indem er mit der Sünde gleichgestaltet wird, für uns „zur Sünde gemacht" wird, Gottes Solidarität mit den Unterdrückten, mit den Armen und Benachteiligten ausdrückt, nur in der Intention verkündet wurde, daß diese ergeben in ihr Schicksal einwilligen.

Wenn im handlungsrelevanten Sinn der Kreuzestheologie von Kreuzesnachfolge gesprochen wird, dann sind die Adressaten dieser Kreuzesnachfolge diejenigen, die die Solidarität Gottes mit den Armen, hier mit den Arbeitenden, den Arbeitslosen, durch ihre Gemeinschaft mit diesen zum Ausdruck bringen können. Es ist also eine Solidarität *für andere*, die in dieser Nachfolge zum Ausdruck gebracht wird, und es ist nicht ein Trost und eine Verklärung der Grundbefindlichkeit des Unterdrückten, hier des arbeitenden Menschen. Jesus ist nicht Urbild des arbeitenden, sondern des solidarischen Menschen.

Ich glaube, daß in diesem Zusammenhang wichtig ist zu wiederholen, daß der historische Jesus *nicht* das Urbild des arbeitenden Menschen ist, der also gleichsam als Werktätiger, als Heilsarbeiter, als jemand, der die Arbeit des Kreuzes auf sich nimmt, uns als Leitbild dafür dient, wie wir die Grundbefindlichkeit der Arbeit mit ihrem Leidcharakter zu „verarbeiten" hätten. So wird oft gepredigt, so steht es auch in kirchlichen Texten. Vielmehr ist Christus in seiner historischen Existenz ja nicht der Arbeiter, sondern der mit der

Situation des (arbeitenden) Menschen Solidarische. Zu diesem Gedanken gehört auch die Einsicht, daß der historische Jesus nicht zu der Gruppe gehört, die wir heute als „Arbeiterklasse" bezeichnen würden, sondern er entstammt der Schicht der Handwerker, und er führt eine solidarische Proexistenz mit den „Amhaarez", also mit denjenigen, die wir heute als die vierte Klasse der Gesellschaft bezeichnen würden. Auf dem soteriologischen Hintergrund der Verantwortung für die Situation der Arbeit bzw. der Arbeitslosigkeit wächst also der Auftrag, Gottes Solidarität zu leben, und zwar zunächst einmal als Auftrag für die Gemeinde. Die Kirche hat im Zeichen der Kreuzesnachfolge nicht den Auftrag, die Theologie der Kreuzesnachfolge zur Verklärung und zum Trost zu „spenden", sondern die Kirche steht selbst unter diesem Auftrag und unter diesem Anspruch, und indem sie als Gemeinschaft der Gläubigen sich diesem Anspruch der Solidarität zu stellen und ihn zu erfüllen versucht, setzt sie das soteriologische Handeln Christi fort.

Nicht Reputation, sondern Notwendigkeit der Arbeit

Die Denkschrift der Evangelischen Kirche macht auf die urgemeindliche Formulierung der Didache aufmerksam. Dort heißt es: „Jeder, der im Namen des Herrn kommt, soll von der Gemeinde aufgenommen werden. Ist der Ankömmling ein Wegfahrender, so helft ihm, so gut ihr vermögt. Wenn er sich dauernd niederlassen will, so soll er arbeiten und sich dadurch ernähren. Wenn er sein Handwerk versteht, so sollt ihr nach bestem Wissen und Gewissen dafür Vorsorge treffen, daß unter euch kein Christ arbeitslos sein muß" (Kap. 12, 1–3). Worauf es hier ankommt, ist dies: Arbeit wird nicht als notwendiges Zubehör der Reputation betrachtet. Der Durchreisende, von dem hier die Rede ist, der sich nicht niederlassen will, kann unter Umständen ja jemand sein, der als Wanderprediger nicht in den Bereich der menschlichen Werktätigkeit und Arbeit hineingehört und der als solcher Anspruch auf zureichende Hilfe hat. Nicht von der Reputation der Arbeit her ist daher die Möglichkeit der Arbeitsbeschaffung gedacht, sondern sie ist aus den Grundbedürfnissen des Menschen zu verstehen: Er soll arbeiten und sich dadurch ernähren. Das Recht auf Arbeit des Menschen, darauf macht die Denkschrift der Evangelischen Kirche ebenfalls aufmerksam, ist ein aus der Brotbitte des Vaterunsers abgeleitetes Recht (Mt 6, 11). Wenn dort um die tägliche Erfüllung der Grundbedürfnisse gebetet wird, so erscheint die Arbeit als ein dazu not-wendendes Mittel. Dieser Mittelfunktion und nicht einer Reputationsfunktion gilt die Sorge um die Arbeit aus der Fortsetzung der Solidarität Gottes mit den Menschen.

Die meisten kirchlichen Dokumente, auch das erwähnte Dokument der Evangelischen Kirche in Deutschland, argumentieren besonders mit der Doppelgesichtigkeit der menschlichen Arbeit. Ich glaube jedoch, daß man nicht allein davon ausgehen kann, wenn sich die Tätigkeit des Menschen auf mehr als *ein* Grundphänomen zurückführen läßt, wie wir am Unterschied zwischen Wirken und Arbeiten zu zeigen versuchten. Ich sehe freilich auf der anderen Seite die Gefahr, daß diese Distinktion dazu führen könnte, die Arbeit als solche unter aristokratische Vorbehalte zu stellen, wie das gelegentlich auch in konservativen Reprisen der Kontemplation und der Muße-Thematik geschieht. Dazu ist die soteriologische Überlegung eine notwendige Korrektur.

Angesichts des aktuellen Bewußtseins ist es nicht notwendig, über die Herausforderung durch die Arbeitslosigkeit viele Worte zu verlieren und ein allseits bekanntes Zahlenmaterial auszubreiten. In der Bundesrepublik Deutschland ist die Arbeitslosenzahl längst über zwei Millionen angestiegen. Im Verhältnis zu anderen westlichen Industriegesellschaften stehen diese Zahlen noch an der unteren Grenze. Darüber hinaus ist im Verhältnis zwischen den westlichen Industriegesellschaften auf der einen Seite und den Drittweltländern auf der anderen Seite der graduelle Unterschied im Zustand der Arbeitslosigkeit zu beobachten. Schließlich zeigt sich die Arbeitersituation in den Ländern der Zweiten Welt, also in den Ländern der kommunistischen Hegemonie, zwar nicht in Arbeitslosenzahlen, aber in den schlechten Bedingungen dieser Arbeitswelt und in der Unmöglichkeit, die Funktion der Arbeit zu erfüllen, nämlich sich durch den Lohn der Arbeit die Grundbedürfnisse zu erfüllen. (Hier sei nur auf die Situation in Polen verwiesen.) Die Verschleierung der Arbeitslosigkeit in der Zweiten Welt hat immense Dimensionen angenommen. Wenn man all diese aktuellen Fakten voraussetzt, dann scheint es doch in jedem Falle notwendig zu sein, kurz auf die Ursachen einzugehen. Denn in dieser Ursachenanalyse enthüllt sich ja erst die eigentliche Herausforderung der *Verantwortung*, und nicht nur, wie in der „Sensation" der Zahlen, die Herausforderung des *Mitleids*. Die Ursachenbestimmung für die gegenwärtige Arbeitslosigkeit ist sehr komplex; es werden ganz verschiedene Perspektiven hierzu genannt.

7
Ursachen der Arbeitslosigkeit

Technologieentwicklung

Einige der wichtigsten Perspektiven sind sicherlich die strukturellen Veränderungen der Arbeitsbedingungen und des Arbeitsmarktes. Wenn man versucht, diese strukturellen Wandlungen der Arbeitsbedingungen und des Arbeitsmarktes in ihren einzelnen geschichtlichen Schritten nachzuvollziehen, dann wird man folgendes feststellen müssen: Die moderne Arbeitssituation im produktiven oder sekundären Sektor, die sich im Rahmen des 19. Jahrhunderts entwickelt hat, ist von der *Mechanisierung* geprägt, d.h., sie hängt mit den ökonomischen Bedingungen und mit der technischen Erfindung bzw. Herstellung von Maschinen zusammen. Die mechanisierte Arbeitswelt ist die Maschinenwelt, in der der Mensch erstmalig in die Konkurrenz mit der Maschine eintritt und in der er vorrangig Dienstfunktionen an der Maschine zu übernehmen hat. Geschieht dies in dieser Quantität und in dieser Intensität wie in der Gegenwart, kann man durchaus von einer Veränderung der Qualität der Arbeit im ganzen sprechen.

Zum zweiten Schritt des Wandels der Arbeitsbedingungen im Produktivsektor kann man über die Mechanisierung hinaus die *Automatisierung* betrachten. Die Automatisierung des Produktivsektors bedeutet im wesentlichen nichts anderes, als daß Arbeitsvollzüge des Menschen an den Maschinen durch Maschinen oder Fließbänder selbst *ersetzt* werden. Maschinen bedienen Maschinen: Das ist die Formel der Automatisierung. Der Mensch wird, von dieser weiterwirkenden Automatisierung her gesehen, im Extremfall zu dem

Arbeiter, der Maschinen bedient, die Maschinen bedienen. Er wird durch diese Automatisierung immer mehr vom Teilprodukt seiner eigenen Arbeit entfernt. Dieses Teilprodukt seiner eigenen Arbeit wird immer abstrakter und immer stärker ersetzbar. Die Maschine, die die Maschine bedient, die das Produkt herstellt, kann unter Umständen umprogrammiert werden, um andere Maschinen zu bedienen, die andere Produkte herstellen, d. h., innerhalb der Maschine ist schon diese Auswechselbarkeit anwesend, und der Mensch, der diese Maschine bedient, kann gleichsam im Prozeß der „Freisetzung" und „Absorption" des Arbeitsmarktes für ganz unterschiedliche Produktionen, aber in eindimensionaler Weise, weiter verwendet werden.

Begriffe wie „Freisetzung" und „Absorptionseffekt" sind vor dem Hintergrund der Wandlung des Arbeitsmarktes zu verstehen: Durch Verlagerungen der Schwerpunkte von Produktionen, die sich an der Nachfrage im Investitionsgüter-, aber auch im Konsumgüterbereich orientieren, werden fortwährend innerhalb des Produktivsektors Arbeitskräfte, wie man euphemistisch sagt, „freigesetzt". Diese freigesetzten Arbeitskräfte werden durch die Entwicklung neuer Produktivsektoren wieder eingegliedert, „absorbiert" (Absorptionseffekt). Der Arbeitsmarkt ist, je stärker die Automatisierung fortschreitet, immer mehr durch Auswechselbarkeit und durch Arbeitsmobilität gekennzeichnet[8].

Als einen dritten Schritt nach Mechanisierung und Automatisierung kann man die *Rationalisierung* hervorheben. Die Rationalisierung des Produktivsektors ist zugleich auch selbst ein neuer Produktivsektor, in dem entsprechende datenverarbeitende Produkte hergestellt und umgesetzt werden. Rationalisierung bedeutet, daß nicht nur der Produktionsprozeß selbst, wie das in der Automatisierung geschieht, immer abstrakter wird, sondern daß auch die Überwachung, die Kontrolle, die Organisation des Produktionsprozesses immer stärker rationalisiert werden. Innerbetriebliche Rationalisierung umfaßt auch die innerbetriebliche Dienstleistung. So wird etwa der Übergang von der Auftragsbeschaffung bis hin zur Auftragserfüllung, also bis in die Verpackung und Versendung hinein, immer stärker rationalisiert. Dadurch werden Arbeitskräfte eingespart, indem Arbeitsvollzüge durch Computer übernommen werden können. Rationalisierung bedeutet daher, wieder auf eine einfache Formel gebracht: Maschinen bedienen die Betriebe, in denen Maschinen Maschinen bedienen. Der Begriff bezeichnet sozusagen ein exponentielles Wachstum der Mechanisierung.

Als vierten Schritt kann man nun die Problematik der neuen Technologie, der *Mikroelektronik*, bezeichnen. Hier ist auf den Bericht des Internationalen Arbeitsamtes in Genf (VI, 1, 1982) zu verweisen. Was ist das Neue, das in den neuen Technologien, vor allem in der Mikroelektronik, zum Zuge kommt? „Die jüngsten Neuerungen", sagt der Bericht, „auf dem Gebiet der mikroelektronischen Technologie werden wahrscheinlich weitaus tiefgreifendere Auswirkungen haben als die vorherigen Prozesse. Die neuen Ausrüstungen und Maschinen, die auf der Arbeitsweise verschiedener Formen von Mikroprozessoren beruhen, werden im allgemeinen nicht nur die Arbeit des Arbeiters, sondern auch seine Qualifikation ersetzen, das heißt, es wird nicht Quantität von Arbeit, sondern es wird Qualität von Arbeit ersetzt. Es steht bis jetzt fest, daß diese neue Technologie eine Anzahl ausgeprägter Merkmale aufweist: Erstens ermöglicht sie die verschiedenartigsten Anwendungen in der Industrie und im Dienstleistungssektor (das Neue ist also, daß hier der Dienstleistungssektor und nicht der Produktivsektor allein einbezogen werden), zweitens bietet sie Möglichkeiten für beträchtliche Kostenverringerungen für einen Anstieg der Arbeits- und Kapitalproduktivität und für Einsparungen bei Rohstoffen und Energie, und schließlich hat sie eine große Flexibilität und Verläßlichkeit beim Produktions- und Verteilungsprozeß zur Folge. Veränderungen der Produktionsstruktur werden auch zu Veränderungen der Beschäftigungsstruktur und führen schließlich zur Verdrängung von Arbeitsplätzen in einigen Sektoren und zur Schaffung von Arbeitsplätzen in anderen Sektoren. Die Einführung der Mikroelektronik hat bereits zu Einschränkungen geführt und wird aller Wahrscheinlichkeit nach einen Beschäftigungsrückgang in den Industriezweigen nach sich ziehen, die traditionsgemäß über einen großen Arbeitskräftebestand verfügen, zum Beispiel im graphischen Gewerbe, in der Textilindustrie, Fernmeldewesen, chemischen Industrie, der Kraftfahrzeugindustrie und in der Haushaltsgeräteindustrie."

Daneben weist der Bericht des Internationalen Arbeitsamtes auf die Auswirkungen in Dienstleistungsindustrien hin, zum Beispiel im Bank- und Versicherungswesen, im Groß- und Einzelhandel, um nur einige Großbereiche zu nennen. Die Entwicklung neuer Technologien könnte auf dem Arbeitsmarkt zunächst einmal die Verstärkung des Freisetzungs- und Absorptionsprozesses zur Folge haben, und zwar vor allen Dingen dann, wenn diese Industrien, volkswirtschaftlich betrachtet, als besondere Investitionsfaktoren wahrgenommen worden sind. Der Bericht des Internationalen Arbeitsamtes macht freilich darauf aufmerksam, daß sich, nach bestimmten Pionierleistungen in Japan, wo etwa beispielsweise Informationstechnologie zwischen 1972 und 1982 den Schwerpunkt der Investition darstellte, dann in Frankreich und in Großbritannien, ebenso in bestimmten Bereichen der kommunistischen Länder, hier eigentlich nichts Spezifisches für eine Investitionsumorientierung im Rahmen der Bundesrepublik Deutschland sagen läßt. Der technologische Nachteil der Bundesrepublik im Hinblick auf diese neuen Investitionsbereiche der Technologie wirkt sich sicherlich bereits gegenwärtig und wohl auch noch in der Zukunft auf die Frage der Arbeitslosigkeit aus. Gerade das, was also die Arbeitslosigkeit mit bewirkt und zu ihren Ursachen zu gehören scheint, kann nicht durch die Absorption gerade dieses Arbeitsmarktes wieder aufgesogen werden. Mechanisierung, Automatisierung, Rationalisierung, neue Technologie, vor allen Dingen Mikroelektronik gehören zu den strukturellen Bedingungen der Wandlungen von Arbeit und zu den Ursachen der fortschreitenden strukturell bedingten Arbeitslosigkeit.

Ökonomische Ursachen

Der zweite Ursachenkomplex ist vor allem *ökonomischer* Art. Selbstverständlich hängen die technologische und die ökonomische Entwicklung miteinander zusammen. Gerade die technologische Entwicklung bewirkt eine Art ökonomischen Zwangseffekt, nämlich den Zwang zur fortschreitenden Investition und Kooperation. Der Zwang zur fortschreitenden Investition und Kooperation wird nicht nur durch den Zuwachs neuer technologischer Möglichkeiten bedingt, sondern selbstverständlich auch dadurch, daß wir in einer Wachstumswirtschaft gelebt haben, in der es sozusagen keine ökonomische „Zufriedenheit" (Saturierung) im Produktivsektor geben konnte. Der Zwang zur Investition und Kooperation hat zu zwei Folgen geführt, die wiederum die Arbeitslosigkeit strukturell bedingen: zur Konzentration auf der einen Seite und zum Bankrott auf der anderen Seite. Die Zunahme an Bankrotten, 16 000 im Jahre 1982 allein in der Bundesrepublik Deutschland, ist nichts anderes als die Kehrseite vom Zwang zur Investition und zur Kooperation. Gerade den kleinen und den mittleren Betrieben fehlen die Möglichkeiten zu der technologischen Investition und Kooperation. Diese ist dann ökonomisch am effizientesten zu leisten, wenn die kooperierenden Betriebe bereits konzentrierte Betriebe darstellen, also bereits in größere Gruppen zusammengefaßt sind. Je differenzierter, je qualitativ spezifischer und je aufwendiger die technologische Entwicklung geworden ist, um so mehr begünstigt sie diese ökonomische Konzentration. Zur ökonomischen Konzentration gehört freilich auch als Randbedingung die konkrete Wirtschaftsordnung, in der wir leben. Man könnte sich durchaus vorstellen, daß der Zwang zur Investition und Kooperation nicht unbedingt ökonomisch in der Konzentration durchschlagen muß, unter der Voraussetzung nämlich, daß Investitionsförderung zum Zwecke der Erhaltung kleinerer und mittlerer Betriebe staatlich kontrolliert wird, und unter der Voraussetzung, daß Konzentration durch die entsprechende Kartellgesetzgebung verhindert wird. Dies ist ja auch in einigen großen Fällen tatsächlich geschehen; dadurch wird dann Koopcration vor Konzentration gestellt.

Die ökonomischen Ursachen sind freilich nicht nur struktureller Art, sie sind auch an bestimmte Krisenfaktoren gebunden, die mit den oben erwähnten strukturellen Ursachen eng zusammenhängen. Dieses Ursachenbündel enthält sehr verschiedene Faktoren, deren Zusammenwirken ökonomisch genauer verdeutlicht werden müßte[9]. Dazu gehört sicherlich die Energiefrage, wenn auch nicht in der simplen Weise, als wenn etwa die Energieknappheit primär und allein schuld wäre. Die Energieknappheit hat eher einen Auslösereffekt. Sie hat auch dazu geführt, daß die gleichen Energien neu und aufwendiger erschlossen worden sind. Beispielsweise könnte ohne die Energieknappheit und den entsprechenden Energiepreis das Nordsee-Öl nicht schon heute gefördert werden; auch andere Energiesektoren sind dadurch weitergetrieben worden. Und insofern kann man sagen, daß hier nicht nur Freisetzung, sondern auch Absorption erfolgt ist gerade durch die Umorientierung des Energiesektors. Die Energieknappheit hat zudem die Folge gehabt, daß in Zukunft mit der Ermöglichung von Produktivität unter der Voraussetzung gerechnet werden muß, daß der Energiesektor selbst nicht von sich aus diese Erhöhung der Produktivität abgibt.

So doppelgesichtig auch die Energieverknappung sein kann, sie hat als Auslöseeffekt zunächst einmal in zwei Schüben eine ungeheure Verteuerung der Produktivmittel mit sich gebracht und sich dadurch auch auf die Fragen des inländischen Konsums und vor allen Dingen des Exportes wirtschaftlich so stark ausgewirkt, daß heute die Merkmale einer florierenden Exportwirtschaft nicht mehr als die wichtigsten Merkmale der Zukunft betrachtet werden können. Niemand spricht mehr von einem bloß quantitativen Wachstum der Wirtschaft, zumal universale Randbedingungen eingetreten sind, die das Wachstum erschweren, zum Beispiel die Frage der beschränkten Erweiterung der Absatzmärkte.

An die Stelle des bloß quantitativen Wachstums ist daher

als Leitbild das qualitative Wachstum getreten. Wie sich das qualitative Wachstum auf die Bedingungen des Arbeitsmarktes auswirkt, ist eine Frage, die nicht pauschal zu beantworten, sondern jeweils neu zu stellen ist. Wenn man hier beispielsweise den NAWU-Report von Chr. Binswanger u. a. heranzieht[10]: ein ganzes Kapitel mußte zur Verteidigung der Energieersparnis vor den Forderungen des Arbeitsmarktes geschrieben werden. Ich weiß nicht, inwieweit hier die Belege ökonomisch durchschlagend sind, der NAWU-Report rechnet jedenfalls vor, daß die Energieverknappung durch Umorientierung des Energiesektors auf alternative Energien eher einen Zugewinn an Arbeitskräften mit sich bringen könnte als eine Abnahme.

Der ökonomische Ursachenkomplex verweist wohl auch auf eine Strukturkrise der Ökonomie schlechthin, die mit einem Faktor zusammenhängt, der auch beim Nord-Süd-Problem auftaucht, nämlich mit dem Faktor, daß die Ökonomie durch das Erschließen der Absatzmärkte bestimmt und daß dieses Erschließen der Absatzmärkte von internationalen Finanzierungsproblemen abhängig geworden ist und offensichtlich an eine Grenze seiner Möglichkeiten stoßen könnte. Gerade exportabhängige Wirtschaften wie die Wirtschaft der Bundesrepublik Deutschland lassen diesen Effekt dann besonders durchschlagen.

Die Entwicklung der Arbeitsproduktivität schien zunächst seit den 50er Jahren dazu beizutragen, Wachstum, stabile Preise und hohe Beschäftigung zugleich zu garantieren. Mit dem Vordringen der Mikroelektronik haben sich jedoch die Zuwachsraten verändert: Sie verringerten sich auf die Hälfte, auch in Japan. Vollbeschäftigung versteht sich nicht mehr quasi von selbst. Daher geht es darum, Arbeitsaufwand ökonomisch nicht einfach zu verringern, sondern Strategien der Beschäftigungspolitik zu entwickeln, die Wachstumsbedarf, Produktivitätsfortschritt und Arbeitsmarktpolitik (Arbeitszeit, Löhne) in Zusammenhang sehen.

Sozialer Strukturwandel

Neben dem Komplex Technologie und dem Komplex Ökonomie ist schließlich der Komplex eines allgemein gesellschaftlichen *Strukturwandels* ins Auge zu fassen. Dabei steht an erster Stelle die Schwerpunktverlagerung von der industriellen Gesellschaft auf die *Dienstleistungsgesellschaft*. Der Zuwachs an Arbeit im tertiären Sektor – wenn man den Produktivsektor den sekundären Sektor nennt – konnte zunächst als ein großes Absorptionsbecken für die Freisetzung von Arbeitskräften an dem Produktivsektor erscheinen. Diese Zunahme des tertiären Sektors, in dem heute die meiste Arbeit geschieht, und diese Verschleierung der Absorption sind heute an eine Grenze gekommen. Die Kinder der Arbeiter können eben nicht mehr alle Lehrer werden, um nur ein Beispiel dafür zu erwähnen. Dies liegt nicht etwa daran, daß der Dienstleistungssektor in der modernen Gesellschaft als solcher saturiert wäre und nicht weitere Arbeitskräfte aufnehmen könnte, es liegt an dem finanziellen Balanceverhältnis zwischen Produktivsektor und Dienstleistungssektor, insofern der Produktivsektor weitgehend dazu dienen muß, den Dienstleistungssektor zu ermöglichen. Und in dieser Balance liegen die Schwierigkeiten; denn sie erscheint durch die Zunahme der Dienstleistungsgesellschaft erheblich gestört. Wenn wir heute eine Zunahme der Arbeitslosigkeit haben, gilt es eben nicht allein für den Produktivsektor, sondern diese Arbeitslosigkeit hat sich in den Dienstleistungssektor trotz steigender Bedürfnisse auf diesem Gebiet hinein fortgesetzt.

Eine zweite Ursache ist eher sozialpsychologischer Natur. Die Menschen verstehen sich immer weniger im Sinne einer nachfrageorientierten Wirtschaftspolitik als Konsumenten. Die psychologischen Auswirkungen der Erfahrungen von Wachstumsgrenzen auf die Konsumgesellschaft sind nicht zu übersehen. Das Bedürfnis nach menschlichen Werten nimmt zu, das Bedürfnis nach deren materiellen Substraten nimmt ab[11]. Dazu kommen Elemente der Verweigerung der Leistungsgesellschaft, die sich nicht nur in zahlenmäßig unbedeutenden alternativen Lebensformen, sondern auch in der übertriebenen Beanspruchung von Elementen des Versorgungsstaates zeigen.

Eine dritte Ursache im Kontext der Gesellschaftsstrukturen ist im Andrang zum Arbeitsmarkt zu sehen, der aus drei Quellen entsteht: aus dem Bevölkerungswachstum der 60er Jahre (geburtenstarke Jahrgänge), aus dem Nachzug der Familien ausländischer Arbeitnehmer und aus der wachsenden Berufsarbeit der Frauen. Deshalb haben Jugendarbeitslosigkeit, Ausländer-Arbeitslosigkeit und Frauen-Arbeitslosigkeit eine spezifische Bedeutung, auch wenn sie nur einen Teilfaktor der allgemeinen Lage darstellen. Damit verbunden ist das besondere Problem der fehlenden Integration gesellschaftlicher Gruppen[12].

8
Problemlösungen zur Arbeitslosigkeit und ethische Kriterien

Ethische Kriterien

Als ethische Kriterien der einschlägigen Problemlösungen zur Arbeitslosigkeit sind zu beachten:
1. Probleme der Arbeitslosigkeit dürfen nicht auf Kosten der *Humanisierung* der Arbeit gelöst werden.
2. Die Menschenwürde in der Arbeit setzt Rahmenbedingungen voraus, die *Partizipation* ermöglichen. Das bedeutet, daß die Probleme der Arbeitslosigkeit nicht auf Kosten der Mitbestimmung gelöst werden dürfen.
3. Das Kriterium der Solidarität: „Götzen", sagt ein Hirtenbrief der niederländischen Bischöfe 1980, „ sind daran erkennbar, daß sie Solidarität verhindern."
4. Die Kriterien der Verteilungsgerechtigkeit, z.B. die Chancengleichheit bzw. das Maximin-Prinzip, das größte Wohl der am meisten Benachteiligten.
5. Die Umweltgerechtigkeit: Probleme der Arbeitslosigkeit sollen nicht auf Kosten der Umweltgerechtigkeit gelöst werden (vgl. EKD-Denkschrift 35 – 37).
6. Arbeitsbeschaffung sollte nicht durch Rüstung und Waffenexport betrieben werden.

Diese Kriterien machen deutlich, daß es außerordentlich schwierig ist, das Problem der Arbeitslosigkeit isoliert und unabhängig anzugehen, und daß die Verantwortlichkeit gegenüber der Arbeitslosigkeit gerade darin besteht, auf mehr als auf das Problem der Arbeitslosigkeit selbst Rücksicht zu nehmen.

Schwierigkeiten

Deswegen ist zunächst vor Anwendung der ethischen Kriterien auf die Schwierigkeiten der Problemlösung der Arbeitslosigkeit einzugehen. Die Schwierigkeiten der Problemlösung liegen zunächst einmal auf der Ebene der Zielbestimmung.

Wird Vollbeschäftigung fragwürdig?

Die ökonomische, die soziale und auch die ethische Zielbestimmung im Hinblick auf das Phänomen der möglichen Arbeitslosigkeit ist in der Vergangenheit immer die *Vollbeschäftigung* gewesen, und ich habe bereits darauf aufmerksam gemacht, daß die Vollbeschäftigung fragwürdig wird.

Die Differenz zwischen Idealziel und Realziel ist für absehbare Zeit unendlich groß geworden. Vollbeschäftigung als Ziel muß nicht nur mit den anderen bisherigen ökonomischen Zielen der Geldwertstabilität und der Zahlungsbilanz vereinbart werden. Vielmehr müßte die Arbeitsbeschaffung nach den ethischen Kriterien in Übereinstimmung gebracht werden mit der Ökologie, mit der Energieersparnis, mit den Forderungen einer Friedenswirtschaft und mit der Weiterentwicklung der Qualität der menschlichen Arbeit, die wir gerade vom theologischen Vorverständnis als außerordentlich wichtig erklärt haben. Gerade weil eine ganze Reihe anderer Zielbestimmungen außer den bisherigen ökonomischen „Göttern" Geldwertstabilität und Zahlungsbilanz in Sicht gekommen sind, erscheint die Vollbeschäftigung als ein so schwieriges Ziel und unter Umständen als ein Ziel, bei dem von vornherein bereits Einschränkungen gemacht werden müssen.

Sind Wachstum und Arbeitsbeschaffung zu verbinden?

Eine *zweite* Schwierigkeit ist das Problem der Verbindung von wirtschaftlichem Wachstum und Arbeitsbeschaffung. Dieses Problem der Verbindung von wirtschaftlichem

Wachstum und Arbeitsbeschaffung wird innerhalb der Wirtschaftspolitik sehr verschieden gesehen. Als Beispiel dafür zitiert der NAWU-Report zwei Wirtschaftspolitiker der Bundesrepublik Deutschland, den früheren Wirtschaftsminister Hans Friedrichs und den umweltbewußten sozialdemokratischen Politiker Erhard Eppler, mit völlig verschiedenen Vorstellungen. Die Vorstellung Friedrichs' lautet: „Gesamtwirtschaftliches Wachstum und eine entsprechende Steigerung der Energieproduktion sind unerläßlich, um zusätzliche Arbeitsplätze zu schaffen, die sozialen Sicherungssysteme zu finanzieren, die öffentlichen Haushalte zu konsolidieren, die Einkommens- und Verteilungsprobleme zu lösen und die internationalen Verpflichtungen der Bundesrepublik besonders gegenüber den Entwicklungsländern erfüllen zu können." Ganz deutlich, daß es hier ein vorrangiges Mittel für die Lösung sämtlicher nationaler und internationaler Verteilungsprobleme gibt, und das ist das gesamtwirtschaftliche Wachstum. Diese Auffassung findet entsprechenden Widerspruch bei den Wachstumskritikern, und Erhard Eppler verlangt demgegenüber, daß „Ausmaß und Ziel des Wachstums endlich wieder politisch und nicht technokratisch definiert werden müßten. Wer zuerst fragt, wieviel Wachstum zur Erfüllung politischer Aufgaben nötig sei, verurteilt die Politik dazu, dauernd hinter Wachstumsraten herzukeuchen, und die Frage, was denn da wachsen solle, immer von neuem auf eine bessere Zukunft zu vertagen. Vollbeschäftigung, soziale Sicherheit, Umweltschutz oder Nord-Süd-Ausgleich als originäre politische Aufgaben würden auf diese Weise von einem technokratisch gesteuerten undifferenzierten und überdies unsicheren Wachstumsprozeß abhängig. Politik verwandle sich in den Büttel von Sachzwängen, eine davon sei beispielsweise bei der Energieproduktion der Bau vieler Kernkraftwerke."

Die Extreme sind hier deutlich genug, die Frage des quantitativen und die Frage des qualitativen Wachstums ist deswegen ideologisch so sehr umstritten, weil die Kritik des *quantitativen* Wachstums aufgrund ökologischer Analysen erfolgt und weil die Kritik des *qualitativen* Wachstums aufgrund ökonomischer Analysen erfolgt, weil sich also die Kritiken nicht im selben Bereich begegnen. Gerade heute wird angesichts des geringen Wachstums oft gesagt, daß die Idee des qualitativen Wachstums bereits gescheitert sei, denn wenn gar kein Wachstum vorhanden sei, könne auch nicht in irgendeiner Weise von einer Qualität des Wachstums die Rede sein.

Angebots- oder nachfrageorientierte Wirtschaftspolitik?

Neben dieser Schwierigkeit gibt es *drittens* die Grundsatzentscheidung einer an der Vollbeschäftigung orientierten Wirtschaftspolitik: Soll diese Wirtschaftspolitik eine angebotsorientierte, eine nachfrageorientierte Wirtschaftspolitik oder eine Mischung von beidem sein? Eine vorrangig angebotsorientierte Wirtschaftspolitik setzt auf die Entschlossenheit der Unternehmen, wieder unter kostensenkenden Bedingungen investieren zu wollen und dadurch ein größeres Angebot an Waren bereitzustellen, wenn möglich nicht ein größeres Angebot an Waren im Sinne der Quantität, sondern möglicherweise im Sinne neuer Qualitäten, also neuer Produktionszweige. Eine angebotsorientierte Wirtschaftspolitik muß also vor allen Dingen den Produktivsektor im Auge haben. Sie muß versuchen, dafür zu sorgen, daß die Produktivität in wirtschaftliche Rentabilität umgesetzt wird. Das bedeutet, daß eine angebotsorientierte Wirtschaftspolitik zur Förderung der Investition direkte oder indirekte Steuersenkungen fordert.

Eine nachfrageorientierte Wirtschaftspolitik geht von ganz anderen Voraussetzungen aus: Sie führt Engpässe der Wirtschaft gerade darauf zurück, daß die Menschen weniger kaufkräftig sind, und zwar gerade aufgrund des mangelnden Ausgleiches, etwa der Inflation durch das Wachstum der Löhne. Eine nachfrageorientierte Wirtschaftspolitik versucht also, so zu arbeiten, daß die Menschen durch den Besitz eines Arbeitsplatzes und die Möglichkeit einer entsprechenden Entlohnung in die Lage versetzt werden, die Produkte der Wirtschaft zu wählen und zu kaufen. Eine angebotsorientierte Wirtschaftspolitik setzt im wesentlichen auf Sparen, verbunden mit Investieren, eine nachfrageorientierte Wirtschaftspolitik nimmt eher Verschuldung in Kauf. Konzepte einer nachfrageorientierten Wirtschaftspolitik bedingen oft einen Zuwachs der Verschuldung der öffentlichen Haushalte. Die Theoretiker einer nachfrageorientierten Wirtschaftspolitik weisen dabei auf folgenden Gedanken hin: Je mehr sich der öffentliche Haushalt verschuldet, um mit Hilfe dieser Verschuldung Arbeitsbeschaffungsprogramme, vor allem im Bereich des Dienstleistungssektors, zu finanzieren und auch unter Umständen öffentliche Investitionen vorzunehmen, je mehr also in die Arbeitsbeschaffung investiert wird, um so mehr Arbeitsplätze entstehen; je mehr Arbeitsplätze entstehen, und je größer die Kaufkraft wird, um so höher sind die Einnahmen des Staates, und zwar direkt durch die Lohnsteuern und indirekt durch die Möglichkeiten der Mehrwertsteuer. Um so mehr ist es dann möglich, in Zukunft die Verschuldung auch wieder zu reduzieren und abzubauen.

Die Theoretiker der Gesundschrumpfung und der Sparsamkeit kritisieren gerade diesen Kreislauf deswegen, weil er einen hohen Unsicherheitsfaktor enthält. Der hohe Unsicherheitsfaktor besteht darin, daß seine Effizienz erst dann nachgewiesen werden kann, wenn die nachfrageorientierte Wirtschaftspolitik wirklich in die Wege geleitet wird und erfolgreich ist. Da das Experiment sozusagen gleichzeitig das Ergebnis darstellt, sind jene, die aus dem Anwachsen der Verschuldung und ihrem jeweils ablesbaren Ergebnis keinen Mut zur weiteren Verschuldung haben, diejenigen, die sich gegenüber einer nachfrageorientierten Wirtschaftspolitik zu sperren versuchen. Diese wirtschaftstheoretische Auseinandersetzung erinnert mutatis mutandis an die Situation, die Ende der 20er, Anfang der 30er Jahre in Europa und in den USA geherrscht hat. Damals konnte die angebotsorientierte Wirtschaftspolitik die Probleme nicht lösen, und die nachfrageorientierte Wirtschaftspolitik, die vom Wirtschaftstheoretiker J. M. Keynes ausging und sich zuerst in angelsächsischen Ländern durchsetzte, trug zur Überwindung der

Weltwirtschaftskrise wesentlich bei. Übrigens hat auch der Nationalsozialismus eine nachfrageorientierte Wirtschaftspolitik (Investitionen der öffentlichen Hand) betrieben, wenn auch aus ganz anderen Gründen und mit ganz anderen sehr fragwürdigen flankierenden Maßnahmen. Die Frage, ob das heute unter veränderten Voraussetzungen funktionieren kann, läßt sich von einem theologischen Ethiker ganz bestimmt nicht beantworten, zumal die Wirtschaftspolitik und die ökonomische Theorie hier selbst in einem unabsehbaren Streit befangen sind und je nach politischer Option unterschiedliche politische Beratung herangezogen wird. Es ist also eine weitere Schwierigkeit, nicht sagen zu können, wer eigentlich hier recht hat. Im allgemeinen versuchen sich vernünftige Wirtschaftstheoretiker heute damit zu behelfen, daß sie eine Mischung von beiden Extremansätzen anbieten.

*Nicht nur ökonomische,
sondern auch soziale Veränderungen*

Eine *vierte*, vielleicht eine der größten Schwierigkeiten, in diesem Bereich ethische Kriterien anzuwenden, ist, daß die heutige Bewältigung der Arbeitslosigkeit offensichtlich gesellschaftliche Veränderungen erfordert oder zu erfordern scheint. Es ist also nicht nur eine rein ökonomische Veränderungsfrage, es geht nicht nur mit ökonomischen Mitteln, sondern es scheinen auch soziale Veränderungen erforderlich zu sein. Darauf verweisen vor allen Dingen kritische Ökonomien, die, wie der NAWU-Report, keinen Schrecken davor haben, auch notwendige soziale Veränderungen in ihre ökonomischen Überlegungen einzubeziehen.

Änderungen des Eigentumsdenkens

So wären zum Beispiel Umänderungen des Eigentumsdenkens erforderlich, und zwar in zweifacher Richtung: einmal in Richtung auf die Umweltfrage, etwa die Frage, inwieweit die Umwelt des Menschen so etwas wie ein verfassungsmäßig zu garantierendes Allgemeineigentum der Menschen zu sein hat, wie weit also hier ganz von dieser Bestimmung des Umwelteigentums als Gesellschaftseigentum im vorhinein eine Begrenzung der privaten Aneignung von Umwelt geschehen könnte.

Eine zweite Richtung des Umdenkens liegt in der berühmten Formel vom Eigentum an Produktionsmitteln. Diese Formel reißt nämlich gerade in der Frage der Arbeitsbeschaffung, der Arbeitsverteilung, der Vollbeschäftigung die jeweiligen Interessen von Arbeitgebern und Arbeitnehmern auseinander und führt sie nicht zusammen. Nur eine Änderung der Eigentumsbeteiligung und Mitverantwortung an Produktionsmitteln hätte eine Chance, diese divergierenden Interessen weiter zusammenzuführen.

Lohn- und Steuerpolitik

Eine weitere soziale Veränderung, die erforderlich wäre, liegt im Bereich von Lohn- und Steuerpolitik. Vor allem im Bereich der Lohnpolitik dürfte sie in besonderer Weise erforderlich sein, aber auch im Bereich der Steuerpolitik. Gemeint ist damit folgendes Verteilungsproblem: Jeder Lohnausgleich gegenüber der Inflation und jede Lohnsteigerung im Hinblick etwa auf Lohnklassen sind vom exponentiellen Wachstum, d.h. vom prozentualen Wachstum, gekennzeichnet. Simple Formel: Wenn Beamte 2 Prozent Lohnerhöhung bekommen, dann ist die absolute Differenz zwischen den 2 Prozent, die einem Beamten im unteren Dienst ausgezahlt werden, und den 2 Prozent bei einem Beamten in einem höheren Dienst schon sehr eklatant. Weil die prozentuale Erhöhung für die unteren Einkommen nur einen geringen absoluten Lohnzuwachs bedeutet, behilft man sich aus Gerechtigkeitsgründen damit, daß man einen Sockelbetrag für die unteren Einkommen einführt, damit die Erhöhung für diese etwas bedeutet.

Warum dreht man diese Formel nicht um und begrenzt den absoluten Betrag nach oben bzw. reduziert ihn für die oberen Verdienstklassen unter Umständen bis zum Nullpunkt? Man stößt in der deutschen Diskussion anscheinend nicht auf diese sehr simple Überlegung.

Das gilt auch für die Umverteilung mittels der Steuer. Es hat etwas Irreales, wenn der prozentuale Steuerzuwachs ebenso prozentual durch Investitionen wieder reduziert werden kann. Prozentualer Steuerzuwachs, den ja die höheren Gehalts- und Lohnklassen haben, kann ja durch die entsprechenden steuerabzugsfähigen Investitionen ebenso prozentual wieder gemindert werden. Die Steuerzahler hoher Einkommensklassen können also größere absolute Investitionsabzüge vornehmen als die Steuerzahler niedriger Einkommensklassen. Demgegenüber gilt: Wenn überhaupt die private Investition gefördert werden soll, dann sollte sie auch für diejenigen gefördert werden, die wenig Steuern zahlen, nicht nur für diejenigen, die viel Steuern zahlen. Das mag sich in absoluten Zahlen wirtschaftlich unter Umständen nicht so effizient zum Ausdruck bringen, aber diese Effizienz in bezug auf den einzelnen dürfte dadurch wieder kompensiert werden, daß es eine Effizienz in bezug auf eine größere Masse darstellen kann. Das bedeutet aber, wenn man dies will, wenn man also die Umverteilung mittels der Steuer ernsthaft ins Auge faßt, daß man eine Preispolitik betreiben muß, die Investitionen auch für niedere Einkommen ermöglicht. Wenn zum Beispiel im Bereich der Investitionen im Bauwesen an der Grundstückspreisfrage nichts geändert werden kann, dann wird es weiterhin dabei bleiben, daß hier Investitionen nur für höhere Einkommen möglich sind. Dies sind alles Punkte, die gesellschaftliche Veränderungen verlangen, und hier dürfte ein Nachdenken über die Frage des exponentiellen Wachstums der Verdienste bzw. der exponentiellen Degression der Steuer durch Investitionen dienlich sein.

Das berührt auch Eigentumsprobleme, z.B. die Frage des Eigentums an Grund und Boden. Die Eigentumsverhältnisse sind ja, was Grund und Boden betrifft, vor allem in der Bauwirtschaft, abstrakt geworden, denn es gibt hier keine Ursprünglichkeit mehr, sondern das Eigentum läuft durch verschiedene, anonyme „Hände". Dazu kommt, daß die reale Wertigkeit des Grund-und-Boden-Eigentums nicht mehr gegeben ist, es entsteht hier eine rein handels- und nachfrageorientierte Wertigkeit. Die abstrakten Verhältnisse lassen sich nicht dadurch rechtfertigen, daß man durch die Preise die Verbauung der Landschaft verhindert. Ich glaube, da gäbe es andere Möglichkeiten oder Maßnahmen.

Gesellschaftliche Dienstleistung als berufsnahe Qualifikation

Zu den sozialen Veränderungen gehören auch die Frage der Bewertung von gesellschaftlichen Dienstleistungen und das Problem der Einführung von gesellschaftlichen Dienstleistungen im Laufe einer Lebensgeschichte, beispielsweise die Frage nach den Sozialdiensten. Der einzige bisher anerkannte Sozialdienst ist der, der mit dem Wehrdienst zu tun hat, entweder positiv oder negativ. Die eklatante soziale Ungerechtigkeit ist dort deutlich geworden, wo die Ableistung des Grundwehrdienstes als Bewertungsziffer so sehr ins Spiel kommt, daß also von Chancengleichheit zwischen Mann und Frau beispielsweise keine Rede mehr sein kann. Hier müßte unbedingt eine Gesellschaftsveränderung eintreten. Es ist völlig undenkbar, daß ein solcher Nachteil hinsichtlich der Chancengleichheit gerechtfertigt werden könnte, vor allen Dingen, wenn er geschlechtsspezifisch angewandt wird. Das würde aber bedeuten, daß die Idee der Möglichkeiten von Sozialdiensten, vielleicht nicht als Pflichtdienste, aber in Richtung Berufsqualifikationen und Einstellungsvoraussetzungen ernsthaft bedacht werden sollte, zumal die bisherigen Qualifikationen für berufliche Einstellungen nicht nur im Bereich der Lehrerschaft, sondern auch sonst, viel zu praxisfremd sind. Die Einstellung eines Lehrers aufgrund der Kombination von Wissenschaftsnote und Praxisnote hat bei aller Praxiserfahrung, die gefordert wird, doch eine Einseitigkeit im Hinblick auf die Befähigung des Wissens und der Reproduktion von Wissen, die vielleicht für die Frage der Lehrerbefähigung eher zweitrangig ist als erstrangig. Die Frage des Sozialdienstes wäre wirklich ernsthaft zu überlegen, zumindest als Angebot. Unter

Umständen könnte dieser Sozialdienst ja als Ergänzung oder als Vorbereitung für den späteren Beruf ins Auge gefaßt werden. Deswegen wäre er unter Umständen auch als eine berufsnahe Qualifikation zu betrachten. (Wenn ich richtig sehe, gibt es eigentlich nur einen einzigen Pflichtsozialdienst, und zwar im Rahmen der theologischen Ausbildung.)

Behinderte Solidarität

Eine weitere Perspektive notwendiger Veränderung ist sozial-psychologischer Art; sozial-psychologisch gesehen, scheint gerade die Solidarität mit den Arbeitslosen gestört zu sein. Es gibt nicht nur das Phänomen des Neides und der Mißgunst der „Nichtprivilegierten", sondern auch eine egozentrische Zufriedenheit mit dem Besitz des Arbeitsplatzes, zumal dieser sich um so mehr als Privileg charakterisiert, je mehr Menschen arbeitslos sind. Praktische Solidarität ist unter den gegebenen gesellschaftlichen Bedingungen keineswegs einfach, und es gibt sicher auch solidaritätsbehindernde Strukturen.

Solidaritätsbehindernd ist z. B. die Unmöglichkeit direkter Kontakte zwischen Arbeitenden und Arbeitslosen am Arbeitsplatz. Die Behinderung direkter Solidarität besteht auch darin, daß kein Arbeitsbesitzer ohne Probleme sagen kann: Ich gebe meinen Arbeitsplatz zum Teil einem anderen. Denn er entscheidet nicht darüber, ob das Arbeitsdrittel, das er abgibt, tatsächlich einem anderen zugewiesen wird. Er kann ja nur etwas an die Institution zurückgeben, aber er kann seinen Verzicht nicht direkt weitergeben. Man stelle sich vor, ein Lehrer auf einer Planstelle möchte diese mit einem anderen teilen. Dabei wüßte er nicht, ob die Planstelle nicht dann zur Hälfte aufgehoben wird, und vor allen Dingen wüßte er nicht, *wem* diese halbe Stelle weitergegeben würde. Er hätte gar keine Möglichkeit direkter mitmenschlicher Solidarität. Er könnte keine Bedingungen daran knüpfen, er könnte z. B. nicht sagen: Ich verzichte auf einen halben Arbeitsplatz, damit ein Behinderter eingestellt wird.

Es gibt freilich Möglichkeiten direkter Solidarität außerhalb der Struktur von Arbeit und Wirtschaft; diese Möglichkeiten direkter Solidarität werden im Rahmen der Betriebsseelsorge, von der Caritas, von der Kirche wahrgenommen. Das ist eine Solidarität, die sich sozusagen neben den Strukturen vollzieht und dort sicherlich auch einen sinnvollen Platz hat, aber es scheint mir, gesellschaftlich gesehen, fragwürdig zu sein, daß die Kirche eine Aufgabe übernimmt, *neben* den Strukturen Betreuung zu vollziehen. Das heißt nicht, daß man nicht helfen soll, sondern daß man die Bedenklichkeit dieser Situation wahrnehmen soll: Jede Betreuung, die in Solidaritätsgruppen neben den Strukturen erfolgt, macht es unter Umständen leichter, die Wunden zu schlagen, für die es im caritativen Bereich „Heilung" gibt.

Über Solidarität zu reden ist einfach, aber die Solidarität innerhalb der Strukturen real zu erfassen, ist außerordentlich schwierig (s. u.). Die schwierigen Probleme der Solidarität entstehen auch, wenn Solidarität mit den Arbeitslosen unter Umständen bedeutet: keine Solidarität mit der Umwelt, wenn Solidarität mit der Arbeitsbeschaffung bedeutet: keine Solidarität mit dem Frieden (durch die Weiterentwicklung der Rüstungsindustrie). Solidarität wird auch schwierig, wenn bestimmte Randgruppen, Minderheitengruppen der Gesellschaft gemeint sind: Gastarbeiter, Frauen, Behinderte. Aus all diesen Überlegungen wird deutlich: Es gibt keine Strategie, die für sich allein zureichend wäre. Es gibt, auch unter Rücksicht auf die ethischen Kriterien, keine Problemlösung, die sich mit dem Nimbus des Allheilmittels versehen könnte.

Die Verantwortung der Wirtschaftspartner[13]

Hier möchte ich mich auf zwei einschlägige Texte berufen, zunächst auf den Hirtenbrief der niederländischen Bischöfe zur Fastenzeit 1980, „Der Mensch in der Welt der Arbeit". Dort finden sich Ausführungen über die Verantwortung der

Unternehmen, die mir im Rahmen kirchlicher Äußerungen einzigartig zu sein scheinen. Zur Verantwortung der *Gewerkschaften* möchte ich mich anschließend auf die Ausführungen des Internationalen Arbeitsamtes beziehen.

Bischöfe zur Unternehmensverantwortung

Um die Situation der Verantwortung zu verbessern, sagen die niederländischen Bischöfe, sei es notwendig, den Wirtschaftsbereich mehr dem gesellschaftlichen Einfluß zugängig zu machen: „Die Hauptursache der menschlich unzweckmäßigen Anwendung unseres Wissens und der Produktionsmittel und damit auch der Arbeit liegt nämlich darin, daß viele Unternehmen, Betriebe und öffentliche Einrichtungen wie beinahe geschlossene Systeme funktionieren und durch bestimmte Ziele und Kriterien beherrscht werden. Das führt in der Leitung von Industrieunternehmen (man kann auch sagen von Dienstleistungsbetrieben) dazu, daß die verschiedensten menschlichen Werte oft nur als externe Faktoren oder Randbedingungen in Erwägung gezogen werden. Solche Erwägungen kommen allein dann zum Tragen, wenn Unternehmen gesetzlich oder vertraglich durch die Gesellschaft dazu gezwungen werden. Oft meint man offensichtlich, sich über menschliche Werte hinwegsetzen zu können, wenn sie die Verwirklichung der begrenzten Ziele behindern, die in unserem heutigen Wirtschaftssystem für die Industrie gelten. In dieser Frage gibt es heute aufgrund von Besinnung und Aktion Forderungen nach Veränderung. Und die ersten zeichnen sich auch schon ab. So mancher hat eingesehen, daß man nicht länger mit den traditionellen Verantwortungsstrukturen des kapitalistischen Systems und der darin festgesetzten Bestimmung betriebseigener Ziele weiterkommt. In der letzten Zeit sind insbesondere die transnationalen Unternehmen im sozialen politischen Bereich so mächtig geworden, daß gewisse Aspekte von Recht und Freiheit von der betriebseigenen Verantwortung mitverwaltet werden. Daher ist es nicht mehr möglich, weiterhin den optimistischen Irrglauben zu vertreten, daß das wirtschaftlich Gute für einige auf Dauer zum menschlich Guten für alle wird. Die Ansicht der liberalen Wirtschaftstheorie, daß die Freiheit des Konsumenten Produktion, Handel und Dienstleistung von allein in gute Bahnen lenken wird, trifft nicht mehr zu, da heute das Angebot weitgehend die Nachfrage bestimmt. Der Einfluß des Angebotes wird auch gefördert, um die Investitionsrisiken der großen technologischen Entwicklungen abfangen zu können. Das hat zu Expansion, Fusion und Machtkonzentrationen geführt, die die Wirtschaftsprozesse tiefgreifend bestimmen. Entwicklungen selbst werden heute durch die Tatsache angeheizt, daß durch das Wirtschaftswachstum in den reichen Ländern ein großes Potential an Kaufkraft für technisch komplizierte Güter und Dienstleistungen entstanden ist. Nun gibt es aber keine nationale oder internationale Behörde, die wirklich effektiv die Frage aufwerfen und beantworten kann, ob das, was wirtschaftlich und technisch möglich ist, auch gleichzeitig dem menschlichen Wohl dienlich ist. Nicht alles, was absetzbar ist, hat einen gesellschaftlichen Wert."

Diese Ausführungen berühren sich mit den Überlegungen des NAWU-Reportes, ob das Bruttosozialprodukt nicht falsch berechnet werde, nämlich nur im Hinblick auf den in Geldwerten ausdrückbaren Nutzen und nicht im Hinblick auf den tatsächlichen realen gesellschaftlichen Nutzen. „In dieser Situation", sagt der Hirtenbrief weiter, „können Industriebetriebe nicht weiterhin so inkonsequent die Verantwortung für die Verwirklichung von Menschenwerten politischen Einrichtungen überlassen und gleichzeitig innerhalb der eigenen veralteten Verantwortungsstrukturen die Macht über Kapital und Arbeit soweit wie möglich in eigenen Händen halten wollen. Denn mit ihrer Macht über die Arbeit und das Kapital können sie auch politische Instanzen unter Druck setzen, um so den wirtschaftlichen Interessen vor den menschlichen und sozialen den Vorrang zu erzwingen." Damit wird deutlich, daß im ethischen Sinne anders über die Verantwortung der Unternehmen geredet werden müßte, als das bisher, weithin auch seitens der Kirchen, geschieht.

Die Verantwortung der Gewerkschaften

Nun zur Verantwortung seitens des anderen Partners innerhalb der freien Wirtschaft, den Gewerkschaften. Der Bericht zur Beschäftigungspolitik des Internationalen Arbeitsamtes von 1982, der zur Vorbereitung der Jahrestagung 1983 erarbeitet worden ist, stellt fest, daß die reinen Möglichkeiten politischer Steuerung des Problems von Arbeitsbeschaffung und Arbeitslosigkeit innerhalb der freien Vertragssituation der Arbeitgeber und Arbeitnehmer ihre Grenzen finden und daß diese Vertragssituation, für sich gesehen, noch einmal besondere Chancen eröffnet. Der Bericht des Internationalen Arbeitsamtes fordert daher Kollektivverhandlungen und Konsultationen zwischen Arbeitgebern und Arbeitnehmern, die sich nicht nur auf die Lösung von Arbeitsstreitigkeiten beziehen, sonden auch dazu dienen, daß sich die Sozialpartner in ihren Interessen und Wünschen näherkommen. Diese Methode, meint der Bericht, hat zahlreiche Vorteile: den Vorteil der *Flexibilität:* die Sozialpartner bestimmen selbst die zu erörternden Themen; den Vorteil des *Realismus:* die beschlossenen Maßnahmen bringen die Wünsche der einen Seite und die Möglichkeiten der anderen Seite miteinander in Einklang; den Vorteil der *Präzision:* der Tarifvertrag kann sich beispielsweise auf ein Unternehmen, einen Wirtschaftszweig oder eine größere Einheit beziehen; schließlich den Vorteil der Wirksamkeit, der *Effizienz*. Die Stabilität der Arbeitsverhältnisse ist eine Folge des Einverständnisses der Personen, die nach den Bedingungen der einmal ausgehandelten, wie immer beschaffenen Vereinbarung leben müssen. Schließlich führt dieses System dazu, daß die Sozialpartner nicht mehr als wirtschaftliche Einheiten angesehen werden, die von den öffentlichen Stellen her informiert oder befragt werden, sondern daß sie tatsächlich für zusätzliche Maßnahmen der Beschäftigungspolitik *selbst verantwortlich* werden. Es handelt sich also im Grunde um die gleiche Idee, die von den niederländischen Bischöfen bereits aufgenommen worden ist.

Nun nennt der Bericht des Internationalen Arbeitsamtes

einige Beispiele für Forderungen, die von der Gewerkschaftsseite in solchen Kollektivverhandlungen und Konsultationen eingebracht werden können. Diese Beispiele sind alle bereits hier oder dort realisiert. Sie stellen also nicht utopische Zukunftsmusik dar, sondern Erfahrungen im internationalen Rahmen, was nicht heißt, daß sie in der Bundesrepublik Deutschland realisiert sind. Die Methode, die der Bericht des Internationalen Arbeitsamtes, wie mir scheint, erfolgreich anwendet, ist, die Vorteile des einen Landes dem anderen Land durch Information zukommen zu lassen und dadurch einen Austausch bzw. eine Anreicherung der Möglichkeiten einer nationalen Wirtschaft zu versuchen. Die Beispiele sind folgende:

a) Das Recht auf Information
Durch den Tarifvertrag wird das Unternehmen verpflichtet, den Gewerkschaften Informationen zu erteilen über Investitionspläne und ihre Auswirkung auf die Beschäftigung. Die Kriterien für die Ansiedlung von Unternehmen, die geplanten Umstrukturierungen, die Rationalisierungen, die Zusammenschlüsse usw. unterliegen sozusagen dieser Informationspflicht. Das Internationale Arbeitsamt weist dann darauf hin, wo dies bereits geschehen ist, z.B. im Rahmen der Tarifverträge in Spanien.

b) Die Schaffung von Arbeitsplätzen
Mit dem Tarifvertrag können Verpflichtungen verbunden sein, gemeinsame Maßnahmen zu prüfen, wie mehr Arbeitsplätze geschaffen werden können. Dabei können die Ziele genau festgelegt werden. Ein Beispiel dafür sind die Tarifverträge der Unternehmen Fiat und Olivetti in Italien.

c) Die Sicherung von Arbeitsplätzen
Tarifverträge können die Garantie enthalten, den gegenwärtigen Beschäftigungsstand beizubehalten, das ist auch zum Teil, wenigstens im Hinblick auf Arbeitnehmer eines bestimmten Alters, in der Bundesrepublik Deutschland der Fall. Diese Garantie kann gegebenenfalls die finanzielle

Hilfe des Staates für sich beanspruchen, wie das etwa in den Tarifverträgen der Eisen- und Stahlindustrie in Luxemburg, der Handelsmarine Norwegens und in den Vereinigten Staaten in einem Plan zur Sicherung der Arbeitsplätze zugunsten der Hafenarbeiter geschehen ist.

d) Die Schließung von Betrieben
Tarifverträge können vorsehen, daß für einen bestimmten Zeitraum die Schließung von Betrieben ausgeschlossen wird, wenn sie aber als wirtschaftliche Möglichkeit erscheint, dann sollte mit der Betriebsschließung Entlassungsschutz verbunden sein. Wenn die Möglichkeit einer Betriebsschließung tatsächlich in Betracht kommt, können nur Entlassungen bis zu einem bestimmten Prozentsatz vorgenommen werden.

e) Im Falle einer *Rationalisierung* kann im Tarifvertrag festgelegt werden, daß die Hälfte der Arbeiter einen besonderen Schutz genießt.

f) Wenn *Sanierungspläne* vorgenommen werden, dann können diese Sanierungspläne mit flankierenden sozialen Maßnahmen abgesichert werden. Dies geschieht ja durchaus auch in der Bundesrepublik Deutschland, beispielsweise bei Maßnahmen zugunsten des vorzeitigen Ruhestands mit entsprechenden Garantien, Abgangsentschädigungen, Einkommensgarantien, sozialen Sicherheiten usw.

g) Die *Arbeitszeitverkürzung* als Gegenstand von Konsultationen und von Tarifverhandlungen. Arbeitszeitverkürzung kann hier in ganz verschiedene Richtungen gehen. Sie kann verkürzte Lebensarbeitszeit, verkürzende Tagesarbeitszeit, verkürzte Wochenarbeitszeit sein. Gegenstand der Verhandlung sind bei der Arbeitszeitverkürzung: Arbeitszeitverkürzung bei Bruttolohnausgleich und Arbeitszeitverkürzung als Wahl des einzelnen davon Betroffenen, ob er nämlich eine Bruttolohnkürzung in Kauf nimmt, wenn unter Umständen, etwa im Hinblick auf die Steuerprogression, die Vorteile für ihn mehr wiegen als die Nachteile. Dies berührt sich mit einem Konzept, über das noch zu reden sein wird, die Arbeitszeitflexibilisierung.

h) Schließlich kann im Zusammenhang mit Tarifverträgen der *Schutz besonderer Gruppen* vorgenommen werden. Man könnte z. B. einen Ausländerschutz einführen, indem man sagte, daß bei Rationalisierungsmaßnahmen nur eine bestimmte prozentuale Kürzung zulässig ist, die in gleicher Weise etwa dann einheimische wie ausländische Arbeitnehmer treffen müßte.

Alle diese praktischen Überlegungen und Maßnahmen sind im Sinne der Problemlösung von Arbeitslosigkeit sehr zweideutig. Denn keine Problemlösung, die durch die Wirtschaftspartner geschaffen wird, ist letztlich unabhängig vom gesamtwirtschaftlichen und vom gesellschaftlichen Kontext. Es ist keine Problemlösung zur Arbeitslosigkeit denkbar, die keine Verzichte einschließt. Das wird sich noch mehr verdeutlichen, wenn wir auf die strategischen Präferenzen unter Rücksicht auf die ethischen Kriterien einzugehen versuchen.

Die Verantwortung der Wirtschaftspolitik

Es gibt keine Strategie, von der man allein unter Rücksicht auf ökonomische Kriterien sagen könnte, sie wäre eindeutig. Deswegen sind diese Strategien, ethisch gesehen, auch so schwer normierbar. Wenn man die strategischen Präferenzen unter Rücksicht auf ethische Kriterien betrachtet, dann taucht als *erstes* die Frage der Investitionslenkung auf. Hier können also, unter Rücksicht auf ethische Kriterien, nur allgemein die Prioritäten der Qualität von der Quantität gesichert werden. Wie das praktisch aussieht, ist aus der Sicht des Ethikers außerordentlich schwer zu sagen. Immerhin bedeutet dies mindestens so viel, daß eine Investition nicht dadurch zum Vorzugswert wird, daß sie im Sinne ökonomischer Effizienz einen großen Rentabilitätsbereich abdeckt, sondern daß Investitionen unter Rücksicht auf ethische Kriterien zur Arbeitsbeschaffung gefördert werden, so daß sie in ihrem gesellschaftlichen Nutzen sicher sind. Das ist leichter gesagt als durchgeführt.

Investitionslenkung ist immer auch eine angebotsorientierte Wirtschaftspolitik; die *zweite* Überlegung richtet sich mehr auf die nachfrageorientierte Wirtschaftspolitik und auf die direkte, gezielte Beschäftigungspolitik. Eine direkte, gezielte Beschäftigungspolitik muß vor allen Dingen in jenem Sektor vorgenommen werden, der sich der öffentlichen Kontrolle am meisten unterstellt sieht, das ist der Dienstleistungssektor. Wir haben aber im Augenblick im Dienstleistungssektor eher eine negative Beschäftigungspolitik, d. h. eine Politik zur Einsparung von Beschäftigung. Dies ist nicht ein Problem des Bedarfes, wie man für den Bildungssektor zeigen kann, sondern ein Problem der Finanzierung der Bedarfsdeckung. Die Leitfrage einer direkten und gezielten Beschäftigung ist also: Woher soll das Geld kommen? Direkte Beschäftigungspolitik muß dann als ethische Präferenz durchgesetzt werden, wenn die Frage beantwortet werden kann, worin die Finanzierungsmöglichkeit besteht. Diese Frage kann nicht allein durch den ökonomischen Hinweis beantwortet werden, daß eine Erhöhung der Verschuldung zugleich zu einer Erhöhung der Einnahmen des Staates führt. Deswegen führt eine gezielte direkte Beschäftigungspolitik zur Notwendigkeit der *Solidaritätsabgabe.* Es ist freilich eine Solidaritätsabgabe zu fordern, die nicht nur eine durch Investitionen aufhaltbare Abgabe darstellt, denn dies würde genau der degressiven Steuerpolitik für die „Starken" entsprechen, die ich schon kritisiert habe. Solidaritätsabgabe kann nur eine Abgabe sein, wenn sie wirklich eine Solidaritätsabgabe ist und nicht eine Abgabe, die durch eigene Investitionen kompensiert werden kann.

Drittens müßte zur Finanzierung die Idee herangezogen werden, die wir bereits bei den Schwierigkeiten sozialer Veränderungen ins Auge gefaßt haben: *der Verzicht auf exponentielles Wachstum der Löhne.* Der Verzicht auf die Steuerabschreibung oder die Begrenzung der Steuerabschreibung ist eine Idee, die inzwischen ernsthaft überlegt wird. Die Finanzierungsmöglichkeiten einer Beschäftigungspolitik sollten also intensiver geprüft werden, als das bisher politisch geschehen ist. Was bisher politisch geschieht, ist eine Bevorzugung indirekter Beschäftigungspolitik durch Investition, d. h. auf dem Produktivsektor, und dabei fällt der Dienstleistungssektor fast ganz heraus. Investitionen schaffen keine Arbeitsplätze im Dienstleistungssektor oder höchstens auf eine sehr indirekte Weise. Wenn der Staat die größten Teile seiner Steuergelder von Arbeitnehmern bezieht und wenn die Arbeitnehmer zum größten Teil im Dienstleistungssektor beschäftigt sind, wie soll es dann möglich sein, durch Investitionen im Produktivsektor indirekt zu erreichen, daß der Staat mehr Geld hat, um die Leute zu beschäftigen? Ich weiß nicht, wie diese Rechnung aufgehen soll und wie sie überhaupt ernsthaft vertreten werden kann.

Neben der gezielten Beschäftigungspolitik wären schließlich *(viertens)* alternative Beschäftigungspolitiken zu überprüfen. Ich greife auf ein Beispiel zurück, das Wolfgang Keßler mitgeteilt hat[14]: „Daß die Schaffung von Arbeitsplätzen bei gleichzeitiger Steigerung von Arbeitszufriedenheit nicht unmöglich ist, zeigt das Beispiel aus Kanada. Dort fördert der Staat bereits bestehende lokale Initiativgruppen, die entweder aus Arbeitslosen bestanden oder Arbeitslose beschäftigen wollten, um die Versorgung mit öffentlichen Dienstleistungen zu verbessern. (Übrigens eine Forderung, die die Kirche mit ihren Initiativgruppen gegenüber dem Staat ebenfalls erheben sollte.) Unter anderem wurden auf diese Weise Einrichtungen zur Altenhilfe, Kinderbetreuung, Umweltentsorgung, Ausländerbetreuung und Reparaturdienste aller Art unterstützt. Mit diesem Programm schufen die Behörden in einem Jahr 90000 Arbeitsplätze, wobei der finanzielle Aufwand sich pro neuen Arbeitsplatz auf etwa 15000,— DM belief. Bedenkt man, daß ein Arbeitsplatz in der hochsubventionierten Großindustrie etwa das Zehnfache kostet, so zeigt dies durchaus, wie durch eine alternative Verwendung von staatlichen Mitteln eine alternative Beschäftigungspolitik betrieben werden könnte. Dazu kommt, daß sich das kanadische Arbeitsbeschaffungsprogramm als ein hervorragendes Mittel erwies, die Arbeitszufriedenheit der Beschäftigten zu erhöhen, denn die Gestaltung ihrer Tätigkeit liegt den kooperativ arbeitenden Initiativgruppen weitgehend selbst überlassen." Sicherlich ist dies auch keine Lösung für die großen Zahlen, aber es besteht kein Grund, auf Teillösungen einer alternativen Beschäftigungspolitik zu verzichten. Solche Teillösungen alternativer Beschäftigungspolitik können *von unten* in die Wege geleitet werden, nicht nur vom Staat her.

Die Aufwertung nichtentlohnter realwirtschaftlicher Arbeit (= Eigenarbeit)

Über die Investitionslenkung, über die direkte Beschäftigungspolitik, über die alternative Beschäftigungspolitik hinaus müßte eine Aufwertung nichtökonomischer Arbeit betrieben werden. Das ist nicht so einfach, denn eine Aufwertung nichtökonomischer Arbeit kann ja nicht dadurch geschehen, daß dem einzelnen, der ohne Geldbewertung arbeitet, ein Orden um den Hals gehängt wird. Mit nichtökonomischer Arbeit ist beispielsweise die Haushaltstätigkeit gemeint; sie hat zwar mit der Ökonomie durchaus zu tun, wird aber nicht in Geld entlohnt: die Arbeit der Hausfrauen und Hausmänner, weitere Bereiche der häuslichen Produktion, Do-it-yourself, unentgeltlich erbrachte Leistung im nachbarschaftlich sozialen Bereich, ehrenamtliche Leistungen politischer und gesellschaftlicher Institutionen. Die Aufwertung nichtökonomischer Arbeit könnte auf folgende Weise geschehen: Der Staat leistet Zuschüsse zur Bewertung von nichtökonomischer Arbeit sowohl im Haushalt als auch beispielsweise im Betreuungssektor, also gegenüber Behinderten und Alten und Kranken. Der Staat zwingt diejenigen, die von nichtökonomischer Arbeit profitieren, dazu, entsprechende Versicherungsbeiträge für nichtentlohnte Arbeit zu zahlen. Der Ehemann wird z. B. dazu gezwungen, Versicherungsbeiträge für seine Frau zu zahlen, wobei man solche Beiträge vom Einkommen des Ehemannes abhängig machen muß, denn sonst würde aktuell der Frau das wieder abgehen, was später zu ihren Gunsten zu Buche schlagen soll. Die Aufwertung nichtökonomischer Arbeit kann auch dadurch geschehen, daß diese sich natural oder im Hinblick auf Geldersparnis lohnt. Dies gilt bei den meisten Fällen von Eigenarbeit. Eigenarbeit ist ja nicht sinnvoll, weil man hier Geld verdient, sondern sie ist sinnvoll, weil man mit ihr Geld spart. Und in der Tat kann man sagen, daß man unter Umständen mehr Vorteile davon hat, wenn man bei geringerer Arbeitszeit und geringerem Lohn mehr Zeit dafür hat, bestimmte Dinge in Eigenarbeit zu erledigen, als dann, wenn man bei höherer Arbeitszeit und bei höherem Lohn in die Lage versetzt wird, genau das, was man durch Eigenarbeit tun könnte, durch Fremdarbeit erledigen zu lassen. Dieses Argument begrenzt auch die Doppelarbeit von Ehepartnern.

Arbeitszeitverkürzung

Schließlich ist der ganze Bereich der Teilzeitarbeit, der Arbeitszeitverkürzung, der Arbeitszeitflexibilisierung zu nennen. Teilzeitarbeit und Arbeitszeitflexibilisierung gehören zusammen. Man kann sagen, Arbeitszeitflexibilisierung umfaßt das Problem der Teilzeitarbeit, so daß es sich eigentlich hier nur um die beiden scheinbaren Alternativen der Arbeitszeitverkürzung und der Arbeitszeitflexibilisierung handelt. Bei der Arbeitszeitverkürzung stellt sich eine ganze Reihe von Problemen. Arbeitszeitverkürzung kann durch Rationalisierung aufgefangen werden, d.h.: Durch Arbeitszeitverkürzung wird nicht Arbeit beschafft, sondern Rationalisierung ermöglicht. Arbeitszeitverkürzung ist ferner schwer zu finanzieren, vor allen Dingen, wenn sie bei gleichem Lohn vollzogen werden soll. Bei Arbeitszeitverkürzung gibt es schließlich so vielfältige Modelle der Verkürzung im Hinblick auf die Lebensarbeitszeit, die Wochenarbeit und die Tagesarbeit, im Hinblick auf Beurlaubungen und auf die Urlaubstage usw., daß man auch hier eigentlich sagen kann: Die Probleme der Arbeitszeitverkürzung werden, wenn man sie genau ins Auge faßt, letztlich doch *auch* zu Problemen der Arbeitszeitflexibilisierung. Arbeitszeitverkürzung kann freilich nur dann in ihren ökonomischen und ihren ethischen Folgen verifiziert werden, wenn durch Teilexperimente nachgewiesen ist, wozu sie führt.

Arbeitszeitflexibilisierung

Das gleiche gilt auch vom Konzept der Arbeitszeitflexibilisierung: Wieviel Arbeit braucht der Mensch? Bernhard Terriet hat in verschiedenen Artikeln dieses sehr interessante Problem entfaltet[15]. Wenn man sich die Frage stellt: wieviel Arbeit brauche ich überhaupt, dann stellen sich die Probleme der individuellen Souveränität, dann stellen sich auch die Probleme, ob Zuwachs an Arbeit tatsächlich auch Zuwachs an Lebensqualität bedeutet. Es ist sicherlich richtig, daß dieses Konzept an äußerst humanen Interessen, nämlich bei der Rückführung von entfremdender Arbeit in befreiendes Werk ansetzt, und daß es dazu eine ganze Reihe von Strategien entwickelt hat. Im Grunde ist mit diesen Strategien die Möglichkeit von „Arbeit à la carte" gemeint. Jemand soll nach seinen persönlichen Grundbedürfnissen sich die Arbeit, bezogen sowohl auf die Lebensarbeitszeit als auch auf die Wochenarbeitszeit als auch auf die Tagesarbeitszeit, sozusagen kumulieren und panaschieren. Die allgemeine Zielvorstellung lautet: „Das Konzept der Arbeitszeitflexibilisierung setzt an mehr individueller Zeitsouveränität mit Hilfe von Wahlmöglichkeiten und damit weniger standardisierten, uniformen, fremdbestimmten, irreversiblen und tabuierten Arbeitszeitvorgängen sowohl hinsichtlich der Dauer als auch hinsichtlich der Verteilung in der Zeit an. Es versteht sich solchermaßen als die Speerspitze einer Bewegung, die nicht mehr zufrieden ist mit der ehernen Leitmaxime konventioneller Wachstumswohlfahrt, Konsum- und Erwerbsarbeitsgesellschaften gemäß der Formel, ein wenig mehr Wirtschaftswachstum, ein wenig mehr Lohn, ein bißchen weniger arbeiten, und die statt dessen ermöglichen will, daß man anders flexibler leben und arbeiten kann. Eine auf den ersten Blick wagemutige soziale Utopie, auf den zweiten Blick durchaus eine interessante Weiterentwicklungsmöglichkeit der überkommenen Arbeitsgesellschaft, der die Erwerbsarbeit für alle auszugehen scheint" (B. Teriet).

Zu den Strategien der Arbeitszeitflexibilisierung gehören die Teilzeitarbeit, Aufteilung eines Arbeitsplatzes usw. Dagegen erheben sich freilich viele Einwände.

Erster Einwand: Das Konzept einer Arbeitszeitflexibilisierung hat zu elitäre Voraussetzungen. Das Konzept einer Arbeitszeitflexibilisierung muß von jemandem geplant werden, der tatsächlich schon souverän ist, und das heißt, es gilt für die gehobenen Arbeitnehmer, die die Zeitsouveränität tatsächlich besitzen.

Zweiter Einwand: Das Konzept der Arbeitszeitflexibilisierung kann einen Pool-Effekt haben, das heißt, die Arbeitnehmer, die sich à la carte ihre Arbeit zusammensuchen, existieren sozusagen in einem Pool, der den Unternehmen zur Verfügung steht, und wenn das so ist, dann ist die Auswahl à la carte nicht einseitig seitens des Arbeitnehmers zu sehen, sondern dann kann der Unternehmer sich sozusagen à la carte den Arbeitnehmer aussuchen, der zu ihm paßt. Das wäre dann ungefähr so wie in der Bibel, der Mann geht auf den Markt, da stehen die Arbeitslosen herum, und jetzt handelt er mit ihnen aus. A la carte: Wer hat hier die besseren Karten in der Hand?

Dritter Einwand: Mit dem Konzept der Arbeitszeitflexibilisierung wird der soziale Schutz des Arbeitsplatzes unterlaufen[16]: „Die Vorteile für die Unternehmen liegen auf der Hand. Die Teilzeitarbeit bietet die Möglichkeit, den Einsatz eines entsprechenden Teils der Arbeitskräfte auf die Kernzeit des Arbeitsanfalls zu konzentrieren. Im Handel, im Dienstleistungsbereich und in der Verwaltung der Öffentlichen Hand, des privaten Gewerbes, aber auch in Teilbereichen der industriellen Produktion mit schwankendem Arbeitsanfall bedeutet der Einsatz von Vollzeitarbeitskräften in einem Umfang, wie er für die Spitzenzeiten erforderlich ist, aus der Sicht der Unternehmen nur die Bezahlung von unproduktivem Leerlauf." Diese unproduktiven Leerlaufzeiten können also von den Unternehmen überwunden werden. „Schließlich spart das Unternehmen bei einer Beschäftigung von weniger als 20 Stunden wöchentlich seinen Anteil an den Beiträgen zur gesetzlichen Arbeitslosenversicherung. Bei einer Beschäftigungsdauer, die wöchentlich 10 oder monatlich 45 Stunden nicht übersteigt, entfällt überdies die Pflicht zur Fortzahlung des Lohns im Krankheitsfall. Eine Befristung des Arbeitsverhältnisses entbindet die Unternehmen zudem von den Restriktionen des Kündigungsschutzes."

Das sind also erhebliche soziale Einwände, die hier gemacht werden. Es steht außer Frage, sagen die Autoren dieses Artikels, daß die skizzierten Flexibilisierungsformen rechtliche und tarifliche Schutzregelungen, z.B. Regelung des Kündigungsschutzes und der Mitbestimmungsrechte der Betriebsräte unterlaufen, die sonst das Beschäftigungsverhältnis stabilisieren sollen. Zu fragen ist deshalb, ob Leiharbeit oder Teilzeitarbeit, die Formen der Flexibilität, nicht auch Reaktionen auf die sozialen Sicherungen darstellen, also gerade darauf zielen, die rechtliche Stabilisierung von Beschäftigungsverhältnis und Personaleinsatz zu konterkarieren und zugleich neue Flexibilitätszonen zu schaffen, welche erlauben, die Arbeitszeitfrage zu ignorieren. Ich möchte freilich deutlich machen, daß ich die Idee der Arbeitszeitflexibilisierung, die so gut mit den oben dargelegten theologischen Ideen über die Unterscheidung von Werk und Arbeit korrespondiert, im Endeffekt nicht rein negativ bewerte. Ich sehe darin vielmehr durchaus unter zwei Voraussetzungen positive Möglichkeiten: Die erste Voraussetzung ist, daß der soziale Schutz der Arbeit gewährleistet bleibt. Das hebt dann einen Teil der Kritik auf. Zum zweiten ist dies zu bedenken: Arbeitszeitflexibilisierung hat nur dann einen Sinn, wenn die Möglichkeiten zur Erhöhung der Eigenarbeit und damit die Möglichkeiten der Verbilligung bestimmter Dienstleistungen als Kompensation gegeben sind. Das heißt: wenn Arbeitszeitflexibilisierung nicht Zwangsfreiheit bedeutet, sondern die Möglichkeit zur Erhöhung der Eigenarbeit, und damit den Lohn im Sinne der Ersparnis und nicht den Lohn im Sinne des Dienstzuwachses. Diese beiden Forderungen wären in jedem Falle an das Konzept der Arbeitszeitflexibilisierung zu stellen.

Zusammenfassung

1. Die theologische Aufwertung der Arbeit erfährt ihren geschichtlichen Höhepunkt, zumal mit der Enzyklika „Laborem exercens".
Nach einer langen geschichtlichen (wenn auch nicht immer eindeutigen) Phase der Höherbewertung der Muße als Ort der Gottbegegnung und der Einschränkung der Arbeit als Ort der irdischen Sorge bzw. der notwendigen Askese sieht die Theologie das „menschliche Schaffen in der Welt" als Vollzug der Gottebenbildlichkeit, als Gestaltung der Schöpfung, als Fortsetzung der befreienden Tätigkeit Gottes, als Integrierung von menschlichem Sinn:
– im Hinblick auf die Grundbedürfnisse des Menschen,
– im Hinblick auf die sozialen und kommunikativen Möglichkeiten,
– im Hinblick auf die Selbstverwirklichung im tätigen Leben.

2. Zugleich vertritt die christliche Sozialethik das Recht auf Arbeit, das Recht auf humane Arbeitsbedingungen und die Priorität (Vorrang) der Arbeit im Zusammenhang mit anderen wirtschaftlichen Faktoren. Nur die in diesen Zusammenhängen positiv qualifizierte Arbeit stiftet menschlichen Sinn.

3. Die Industrialisierung, die Technologie- und Dienstleistungsentwicklung haben zugleich ein neuzeitliches Pathos der Arbeit hervorgebracht und auf der anderen Seite das Bewußtsein für Abhängigkeit, Entfremdung und Unterdrückung in der Arbeit schärfer entwickelt. In der theologischen Deutung der Arbeit tritt das Profil der grundsätzlichen Zweideutigkeit des Schaffens um so stärker hervor. Arbeit kann Sinn nicht nur stiften, sondern auch verfehlen; Arbeit kann Schöpfung nicht nur gestalten, sondern auch zerstören; Arbeit kann an einem sozialen Charakter teilnehmen, der

Leistung, Hektik und Konsumismus bis in die Freizeitwelt hinein bestimmt; in der Arbeit können die Grenzen des Menschseins nicht nur erweitert, sondern auch überschritten werden; in der Arbeit können die strukturellen Auswirkungen der Sünde sich fortsetzen.

4. Angesichts der Zweideutigkeit der Arbeit, des Arbeitsmangels und der Probleme der Arbeitsverteilung sind die Menschen auf der einen Seite von der sittlichen Pflicht beansprucht, menschenwürdige Arbeit zu ermöglichen und zu verteilen; auf der anderen Seite sind die „Zeichen der Zeit" theologisch so zu verstehen, daß eine Rückkehr vom Pathos der Arbeit zu einer Neubesinnung über das tätige Leben des Menschen erforderlich wird.

Das tätige Leben des Menschen muß nicht vorrangig von der Arbeit (im Sinne der Erwerbstätigkeit) bestimmt sein, denn die gottebenbildliche Schöpfungstätigkeit des Menschen ist sehr viel umfassender zu beschreiben: in der Erhaltung der Natur, in der Schonung der Ressourcen, in der zwischenmenschlichen Beziehung. Dies bedeutet die Notwendigkeit der sozialen Anerkennung auch anderer Formen des tätigen Lebens und die Ausweitung der Solidarität des tätigen Menschen über die Solidarität in der Arbeit hinaus.

Dies bedeutet ferner eine neue Einstellung zur Zeiteinteilung des menschlichen Alltags: an die Stelle des Dualismus von Arbeit und Freizeit hat eine Aufwertung der „Sozialzeit" des Menschen zu treten, d. h. der Zeit familiärer, nachbarschaftlicher, sozialer und politischer Partizipation (Mitwirkung und Mitbestimmung). Die Rückkehr zu einem tieferen Verständnis des tätigen Lebens bedeutet also zugleich eine tiefere Einsicht in den Sinn der nichtökonomischen Arbeit als des Ortes der Selbstverwirklichung, der Solidarität, ja auch der Spiritualität des Christen.

5. Dies bedeutet freilich keine Einschränkung des Rechtes auf ökonomische Arbeit. Insofern dieses aber theologisch mit der Brotbitte des Vaterunsers zusammenhängt (vgl. Mt 6, 11), geht es dabei um die zureichende Erfüllung der notwendigen Grundbedürfnisse. In diesem Sinne hat schon ein

frühchristliches Dokument von der Notwendigkeit der Arbeitsbeschaffung gesprochen (vgl. Didache, Kap. 12, 1 – 3).

Dabei sind freilich folgende Perspektiven mit zu berücksichtigen:

a) die ökonomische Berechenbarkeit der Perspektive „Vollbeschäftigung" im Vergleich zu anderen Perspektiven ökonomischer Effizienz;

b) die „indirekte" Belohnung scheinbar nicht-ökonomischer Tätigkeiten, die unter Umständen mehr an Ersparnis bringen als Arbeitslohn an Gewinn (z. B. Eigenleistungen im Hausbau);

c) die Schärfung des moralischen Bewußtseins in der Grauzone zwischen problematischer Schattenarbeit und sinnvoller Nachbarschaftshilfe;

d) die Ausbalancierung aller Problemlösungen hinsichtlich der Arbeitsverteilung mit dem Faktor Humanisierung der Arbeit;

e) die Berücksichtigung des Faktors Mitbestimmung;

f) die Berücksichtigung des ökologischen Faktors;

g) die Unteilbarkeit der Solidarität der Arbeit (mit den benachteiligten Gruppen, z. B. Frauen und Gastarbeiter);

h) das Prinzip der Verwirklichung sozialer Verteilungsgerechtigkeit, wonach der größte Vorteil der am meisten Benachteiligten zu suchen ist (Dritte Welt!); Arbeitsverteilung setzt nicht nur Lohnverzicht, sondern auch Gewinnverzicht voraus.

i) keine Arbeitsplätze durch mehr Rüstung.

Diese Kriterien machen deutlich, daß es keine „einfachen" Lösungen der Arbeitslosigkeit gibt. Die Zukunft der menschlichen Arbeit wird jedoch davon abhängen, wie die Strategien der Arbeitsverteilung mit dem Ziel der Sinnerfüllung des tätigen Lebens verbunden werden können. Neue Formen des tätigen Lebens, weniger ökonomische Arbeit und mehr Flexibilität und Humanität werden nötig sein, um aus der gegenwärtigen Not, die die Grenzen des Pathos der Arbeit aufzeigt, nicht weniger, sondern mehr Sinn für eine menschliche Zukunft zu entfalten.

9
Zu den Formen des tätigen Lebens

Arbeit ist nicht gleich Arbeit: Immer wieder ist uns im Verlauf dieser kleinen Untersuchung aufgefallen, daß sehr verschiedenes menschliches Tätigsein als Arbeit bezeichnet werden kann. Die Stile der Arbeiten sind verschieden, die Belastungen der Arbeiten sind verschieden, die Sinnerfüllung in der Arbeit ist verschieden. „Arbeit" eignet sich deswegen eigentlich nicht, alle diese Differenzen auf einen Nenner zu bringen. „Arbeit", so haben wir auch gesehen, eignet sich nicht, einen großen Teil der Zeitdimension des menschlichen Lebens zureichend zu beschreiben. Die überbewertende Arbeit findet ihre Grenze an den ökologischen Folgen, die Arbeit im Rahmen einer ökonomischen Wachstumsordnung mit hervorbringt. Die neuzeitliche Überbewertung der ökonomischen Arbeit muß daher auf die Vielfalt des Phänomens menschlichen Tätigseins zurückgebracht werden.

Man muß immer wieder darauf hinweisen, daß damit nicht das Recht auf Arbeit berührt wird, soweit es ein Recht darstellt, die Bedingungen für ein menschenwürdiges Leben durch eigene Leistung herstellen zu können. Weil diese Bedingungen nicht überall erfüllt sind, sollen am Recht auf Arbeit keinerlei Abstriche gemacht werden. Auf der anderen Seite gilt es aber, Ziele zu setzen, die zugleich über diese Dynamik des Rechtes auf Arbeit hinausführen und diese Dynamik relativieren. Man kann ja auch schwer verstehen, daß die Ansprüche an die Bedingungen eines menschenwürdigen Lebens auf der einen Seite immer differenzierter werden und immer mehr ansteigen, während auf der anderen Seite für so viele Menschen auf dieser Erde nicht einmal die Minimalbedürfnisse für das Überleben gesichert sind.

Freiräume des tätigen Lebens

Deswegen ist es notwendig, den Sinn des tätigen Lebens nicht mehr allein von der Arbeit her zu verstehen. Wenn wir die Arbeit verteilen wollen, dann heißt das ja, daß wir uns so oder so mit weniger Arbeit zufriedengeben müssen; es heißt auch, daß wir die Freiräume des tätigen Lebens in ganz anderer Weise mit Sinn erfüllen können.

Diese Freiräume des tätigen Lebens entstehen erst im Rahmen eines Umdenkens in der ökonomischen Ordnung. Wir haben schon darauf hingewiesen, daß mit der Verknappung und der Verteuerung der Ressourcen einerseits und dem Bewußtsein der notwendigen Verlangsamung der Wachstumswirtschaft andererseits die Erarbeitung von Qualitäten des Lebens günstiger werden kann, wenn sie nicht über den Verdienst der Erwerbsarbeit erfolgt, sondern über die Eigenarbeit, die Kosten erspart bzw. senkt. Dafür gibt es einfache Beispiele genug. In Zeiten billiger Energieversorgung wurden die Öfen aus den Häusern geräumt; je teurer aber das Heizöl wird, um so mehr kann es sich lohnen, all die alten Verrichtungen wieder auf sich zu nehmen, die mit dem Bedienen eines Kachel- bzw. Eisenofens verbunden waren. Die gesamte ökonomische Ordnung beruht ohnehin auf einem sich dauernd verschiebenden Gleichgewicht zwischen der Arbeit, die über feste Stellenpläne ins Erwerbsleben eingegliedert ist, und der Arbeit, deren Leistungen formell weder in Arbeitszeit noch in Lohngruppen erfaßt wird, die aber in der gleichen Weise an der Produktivität des Lebens beteiligt ist.

Das „Honorar" sozialer Achtung und Anerkennung

Ein zweites Feld, das eine Veränderung der Ordnung mit sich bringen kann, wobei hier vor allem die soziale Ordnung gemeint ist, ist die Wiederbesinnung auf Formen des kommunikativen tätigen Lebens unter dem Stichwort des „Helfens", das, nach den Theoretikern des Funktionalismus wie N. Luhmann, durch den Regelkreis der sozialstaatlichen

Maschinerie überflüssig geworden zu sein schien. Aber es läßt sich ohne weiteres feststellen, daß dieser große Bereich des tätigen Lebens, der gesamte karitative Sektor, durch den sozialstaatlichen Funktionalismus keineswegs aufgehoben war, weil dieser seinerseits wiederum Randprobleme mit sich brachte, die wiederum neue Problemfelder des Helfens auftaten (Suchtprobleme, Medikamentenmißbrauch, Mißbildungen, Behinderungen). Freilich ist ein Großteil des gesellschaftlich bedingten tätigen Lebens als „Helfen" im Rahmen der Ausdifferenzierung der Dienstleistungsgesellschaft seiner persönlichen und scheinbar „privaten" Spontaneität entkleidet worden. „Helfen" geht dann weitgehend in die Verwaltungen kleinerer und größerer Organisationsformen über. Wir wollen in dem Abschnitt über das Ethos der Sozialberufe darüber nachdenken (vgl. Kap. 11). Hier geht es freilich darum, daß tätiges Leben allgemein auch darin als sinnvoll erfahren wird, daß es am Aufbau des Wohls des anderen beteiligt ist. Viele Menschen leben davon und ziehen ihren Sinn daraus, daß sie hier „von Nutzen sind", „gebraucht" werden. Die organisatorische oder finanzielle Anerkennung als solche kann diese Art von sozialem Bedarf, sozialer Dankbarkeit und sozialem Respekt niemals ersetzen. Freilich hat es hier eine neue, wichtige Entwicklung gegeben. Die Menschenwürde der Arbeit als sozialer, nicht einmal formell respektierter Dienst kann nicht einfach mehr dem tätigen Leben der Frauen oder der Frauenarbeit zugewiesen werden. Hier haben sich einige Fixierungen schlechter Rollen in der gesellschaftlichen Ordnung gelockert bzw. aufgelöst. Die größte Flexibilität des Sinnverständnisses im tätigen Leben in seiner Gesamtheit kann es auch mit sich bringen, daß diese neuen Entwicklungen nicht nur in alte Bahnen geleitet werden. Sosehr z. B. auf die Alterssicherung von Frauen zu drängen ist, die in Haushalt, Ehe und Familie „arbeiten", so sehr stellt es doch auch nun wiederum eine Art von sublimer Diskriminierung dar, wenn bestimmte, bisher durch soziale Anerkennung und Achtung honorierte Tätigkeiten, nun eigentlich erst *dann* etwas gelten sollten, wenn sie mit finanziell individualisierbaren Ersatzwerten ausgestattet werden würden. Hier wäre sicherlich sinnvoll, in einem wertkonservativen Sinne die besondere Menschenwürde der sog. Frauenarbeit, die gerade durch den Rhythmus des Wirkens einerseits und durch die soziale Unmittelbarkeit andererseits ausgezeichnet war, nicht zugunsten eines männlich-funktionalistischen Konzepts zu verspielen.

*Tätiges Leben reicht in Dimensionen,
in denen es sich selbst überwindet*

Zum dritten ist darauf aufmerksam zu machen, daß die vielen Dimensionen des tätigen Lebens, die weder im ökonomischen Bereich noch in der sozialen Produktivität aufzugehen scheinen, doch wiederum unabdingbar dazu gehören, wenn nach dem Sinn des tätigen Lebens im ganzen gefragt wird: das Spielen, das Feiern, alles müßige Tun. Es ist durchaus keine Verwirrung der Begriffe, wenn in diesen Bereichen in einem weiteren Sinne auch von „Arbeit" die Rede ist, d.h. in jenem Sinne, in dem Arbeit als eine produktive Anstrengung, die in einer Zeiteinheit erbracht wird, verstanden ist. Eine Freiheit des tätigen Lebens, in die nicht auch Notwendigkeit, selbstauferlegter Zwang, ja Pflicht eingeordnet wären, wäre nichts anderes als die völlige Auflösung des tätigen Lebens in die Langeweile. Wer die Widersprüchlichkeit menschlicher Phänomene kennt, weiß z.B., wie anstrengend es sein kann, sich eine Reihe von Bequemlichkeiten umsichtig zu sichern. Er weiß darum, daß mitten ins Spiel der Kinder hinein auch die Leistungsbereitschaft und die Anstrengung, ja das fast zwanghafte Einhalten einer Ordnung gehören. Wer einmal ein kleines Mädchen beobachtet hat, das von der Schule heimkehrt und sich dazu zwingt, auf der schmalen Kante des Rinnsteines zu gehen oder nur auf die Platten einer bestimmten Farbe auf dem Belag eines Bürgersteigs zu treten, dem wird einiges von dieser selbstauferlegten Zwangsgestalt deutlich. Auch das zweckfreie Tun zielt auf die ihm eigene Vollkommenheit mit der äußersten Anstrengung. Hier unterscheiden sich ja auch Breitensport und Spitzensport im Augenblick der erbrachten Leistung kaum. Das Resultat mag anders aussehen, aber das Verhältnis zwischen im Augenblick gegebenen Möglichkeiten und dem ihnen entsprechenden Resultat ist gleich, wenn man von Einsatz und Anstrengung ausgeht.

Ähnliches gilt auch im Bereich des menschlichen Feierns. Jedermann weiß, daß Feiern außerordentlich anstrengend ist. Es gibt den Spruch: „Nichts ist so schwer zu ertragen als eine Reihe von guten Tagen." Dies bezieht sich nicht nur auf die Anstrengungen, die mit dem Feiern selbst verbunden sind, z. B. die Anstrengungen feierlicher Mahlzeiten, die nur durch zu kurze Zwischenräume voneinander getrennt sind, sondern auch auf die Anstrengungen der Vorbereitungen. Auch hier weiß jeder, daß zwischen der beflügelten Spontaneität des Entschlusses und dem aufatmenden eigentlichen Beginn der Feierlichkeiten die Phase manchmal nicht enden wollenden Ärgers, zum mindesten aber größerer Anstrengungen eingeschoben ist. In dieser Anstrengungsphase des Vorbereitens des Feierns herrscht eine polare Spannung, die sich auf der einen Seite in dem gelegentlich auftauchenden extremen Wunsch äußert, man möge sich doch nie vorher zum Feiern entschlossen haben, die aber auf der anderen Seite die angestrengte Umsicht genießt, und zwar vor allem unter der Perspektive der Vorausschau auf die möglichen Qualitäten des Wohlbefindens, die sie erzeugen könnte. Diese Mischung von Spontaneität und Planung, von Anstrengung und Losgelassenheit, von Pedanterie und Großzügigkeit, von Vorfreude und Ärger – dies alles gehört sowohl im Vorfeld als auch noch im Ablauf des Feierns mit zum integralen Bestandteil des Gelingens von tätigem Leben. Das geht sogar so weit, wenn man die Extreme heranzieht, daß die mitmenschliche Kommunikation, deren Gelingen man ja besonders im Feiern sucht, ihrem Höhepunkt anscheinend oft nur entgegensteuern kann, wenn all ihre Fäden zerrissen zu sein scheinen, sei es, daß etwa in der Vorbereitung der größte Krach der Familie drohen kann bzw. Freundschaften in die Brüche zu gehen scheinen (wie bei Proben im Theater), sei es, daß das Fest selbst auf den Höhepunkt eines schon lange nicht mehr zelebrierten Familienkraches zusteuert, der dann wieder wie eine rituelle Waschung die Selbstaussöhnung, das Selbstgefühl der einzelnen Beteiligten verstärkt. Jeder hat sich gleichsam den Platz seines Selbstgefühls neu erobert.

Damit soll nicht gesagt sein, daß die Vielschichtigkeit des tätigen Lebens mit den vielen Perspektiven der Arbeit gleichzusetzen sei. Spielen und Feiern werden nicht dadurch, daß sie „Arbeit" enthalten müssen, schon zur Arbeit selbst. Das gleiche gilt für die Ruheprozesse der Muße bzw. des kontemplativen oder schauenden Lebens, die über zwei Jahrtausende hinweg immer wieder in Spannung zu den Prozessen des tätigen Lebens, als Ausgleich dazu oder als dessen überbietende Überwindung betrachtet worden sind. Auch in der Ruhe ist das Leben lebendig und tätig; auch das „Schauen" kann Thomas von Aquin als eine spannungsvolle Tätigkeit bezeichnen. Nur das Erstarrte und das Tote, das Unlebendige kann das völlig Untätige sein. Aber was auch immer die Notwendigkeit des Tätigseins und der Bewegung, ja der Anstrengung in sich trägt, wird doch dadurch nicht bis ins Letzte hinein qualifiziert. Wenn z.B. Schweigen auch eine Sprache und eine Kommunikationsform darstellt, so ist es zwar nicht ohne Rede, aber es ist nicht die Rede. So ist die Muße zwar nicht ohne Tätigkeit, aber sie ist nicht die Tätigkeit, die sie, würde man es möglicherweise rein physiologisch nehmen, äußerlich zu sein scheint. Das, was dem tätigen Leben letztlich die Dimension des freien Wirkens gibt, ist dieses Mehr, das in der Muße seinen eigenen Ort zu haben beansprucht. Es kann aber auch auf diesen eigenen Ort verzichten und in der Loslösung, in der Gelassenheit mitten im Wirken selbst bestehen. Es kommt hier nicht darauf an, dies genau zu sortieren; es kommt vielmehr darauf an zu sehen, daß tätiges Leben in viele Dimensionen hineinreicht, in denen es sich zugleich überwinden lernt.

10
Solidarität und Recht auf Arbeit

Die menschliche Solidarität gehört zu den Grundprinzipien christlicher Sozialethik. Damit ist eine zweifache Erkenntnis verbunden: daß Menschen aufgrund ihrer gleichen Würde zusammengehören und daß Menschen zur Bewältigung ihrer Probleme zusammenstehen müssen. Dieser Begriff von Solidarität ist jedoch nicht sehr allgemein[17]. Die Zusammengehörigkeit der Menschen bleibt abstrakt, wenn man sie nicht auf die Situation bezieht, in denen Menschen über Menschen herrschen und in denen Menschen andere Menschen für ihre Zwecke nur benützen. Die Zusammengehörigkeit ist daher keine Diagnose, sondern eine Zielvorstellung. Noch stärker läßt sich das Zusammenwirken der Menschen zur Bewältigung ihrer Probleme als eine Zielvorstellung erkennen, die angesichts der Konflikte zwischen den Menschen als abstrakt erscheinen muß. Solidarität als abstrakte Zielvorstellung ist immer in der Gefahr, die konkrete Wirklichkeit mangelnder Solidarität vorschnell zu überspringen.

Daher ist es notwendig, zwischen Solidarität als nächstem Schritt zur Verbesserung der menschlichen Verhältnisse und Solidarität als allgemeiner Zielvorstellung zu unterscheiden. Im ersten Falle geht man von der defekten Wirklichkeit aus, im zweiten Fall von einer Idee des gelungenen Lebens unter den Menschen. Die Orientierung an der defekten Wirklichkeit und die Vorstellung von einer gelungenen Wirklichkeit mögen einander bedingen, aber zweifellos ist es notwendig, der konkreten Solidarität in Konflikten den Vorrang zu geben vor einer abstrakten Zielvorstellung. Aus diesem Grund fängt die Solidarität bei den Benachteiligten an und hofft darauf, damit einen Schritt auf eine universale Solidarität hin zu tun[18].

Der Vorrang des Anspruchs der Benachteiligten auf Solidarität[19] bewirkt in der Dimension von Arbeit und Arbeitslosigkeit, daß die Bedürfnisse der Menschen Vorrang haben, die von der internationalen Arbeitsmarktsituation am meisten benachteiligt werden. Das Prinzip der Solidarität stützt daher die Maxime der Gerechtigkeit, das größte Wohl der am meisten Benachteiligten zu suchen[20]. Diese ethische Maxime trifft sich wiederum mit der Maxime einer Befreiungstheologie, die allgemein als „Option für die Armen" bezeichnet wird. Diese theologisch-ethische Maxime setzt freilich bereits voraus, daß der erste Schritt der praktischen Umkehr in diese Richtung vollzogen ist. Solidarität im christlichen Kontext ist nicht bloß eine Maxime der Gesinnung, sondern die Folge einer neuen, bereits eingetretenen Praxis. Eine solche Solidarität ist keine auferlegte sittliche Pflicht, sondern unausweichliche Antwort auf den Anspruch des christlichen Glaubens, von dem aus das menschlich eigentlich Selbstverständliche nicht nur erkennbar, sondern auch praktisch vollziehbar wird.

Wird Solidarität mit dem Recht auf Arbeit in Zusammenhang gebracht, so stellen sich im wesentlichen zwei Fragen: Es ist danach zu fragen, wie durch eine solidarische Beschäftigungspolitik am besten das Recht auf Arbeit durchgeführt werden kann; es ist aber auch danach zu fragen, in welche Konflikte die menschliche Solidarität mit dem Recht auf Arbeit geraten kann. Denn eine Wahrnehmung des Rechts auf Arbeit auf Kosten anderer wäre eine Verletzung der Maxime der Solidarität. Daher ist es wichtig, daß wir zunächst einmal von einer Solidarität im Konflikt ausgehen.

Solidarität im Konflikt

Ohne Zweifel ist es richtig, daß sich Arbeitende in Solidarität zueinander für eine Erhaltung bzw. Ausweitung der Beschäftigung einsetzen. Ohne Zweifel ist es ebenso wichtig, daß sich Arbeitslose in Solidarität zueinander gemeinsam um Verhältnisse bemühen, in denen sie eine menschenwürdige Arbeit finden und von daher für sich und ihre Familien wirkliches Lebensrecht und eine menschliche Identität. Es ist aber denkbar, daß die Durchsetzung des Rechts des einen zur Minderung des Rechtes des anderen führt. Einige solche Fälle im nationalen wie im internationalen Bereich sind zu überprüfen. Die Frage ist, welche Prioritäten sich dabei setzen lassen.

Zu den Fällen, in denen Solidarität schwierig wird, gehört die fortschreitende Arbeitslosigkeit insbesondere von *Jugendlichen*, von *Frauen* und von *älteren Arbeitnehmern*[21]. So kann zum Beispiel eine Konkurrenz in der Finanzierung von Arbeitsplätzen und Ausbildungsplätzen eintreten, insbesondere dann, wenn die staatlichen Subventionen und Maßnahmen zur Erhaltung bzw. zur Förderung von Ausbildungsplätzen nicht zureichen. Um der Eingliederung in die Berufswelt willen kann es für *Jugendliche* notwendig sein, Zeitarbeit zu übernehmen. Die Beschaffung von Arbeitsplätzen für junge Menschen kann unter Umständen dazu führen, daß eine frühere Ausgliederung *älterer Menschen* aus dem Arbeitsprozeß überlegt wird. Gerade hier aber stellt sich die Frage, ob diese frühere Ausgliederung nicht für die betroffenen älteren Arbeitnehmer mit hohen existentiellen Schwierigkeiten verbunden sein kann.

Das Recht der *Frauen* auf Arbeit stellt weitere Probleme: Es ist im internationalen Bereich zum Teil noch viel zuwenig anerkannt und durchgeführt; es kann, wenn es sich nur auf die außerfamiliäre Tätigkeit bezieht, zur Schmälerung des Ansehens des Dienstes der Frau in der Familie führen. Dies liegt nicht zuletzt daran, daß das Recht auf Arbeit stark von der Rolle des Mannes her definiert worden ist, was es wiederum auch diesem schwermacht, unter Umständen zugunsten seiner Frau auf berufliches Fortkommen zu verzichten. Dennoch muß das Recht der Frauen auf Arbeit als eigenständiges Recht besonders ernst genommen werden. Bei hoher Arbeitslosigkeit besteht oft die Gefahr, daß das Recht auf Arbeit nur einer Person der Familie bzw. Alleinstehenden zugebilligt wird. Dies führt sehr schnell zu einer Einschränkung der Solidarität der Arbeitenden mit der Berufstätigkeit der verheirateten Frau.

Bekanntlich wird Solidarität mit dem Recht auf Arbeit anderer besonders dann in allen Staaten problematisch, wenn es sich um das Recht von *Ausländern* auf Arbeit handelt[22]. Ausländer werden häufig als Spielmaterial der Beschäftigungspolitik gebraucht. Beschäftigungspolitik, die mit Restriktionen vorgeht, wird auf dem Rücken der Ausländer ausgetragen. Es ist sicherlich nicht einfach, hier Prioritäten unter der Maxime der Solidarität zu setzen. Aber in jedem Falle kann man jemanden, den man mit allen Pflichten und Rechten in den Arbeitsprozeß eingegliedert hat, der mit seinen Leistungen die gleichen Ansprüche erworben hat wie andere einheimische Arbeitnehmer, nicht mehr in seinen Rechten benachteiligen[23]. Sobald die Solidarität der arbeitenden Menschen mit nationaler Solidarität vermischt wird, wird ein Konflikt auf die falsche Ebene verlagert. Denn nationale Solidarität darf den Menschenrechten nicht entgegenstehen[24]. Sie ist im Gegenteil dazu da, daß Menschen im Recht miteinander leben können.

Problematisch wird das Verhältnis von Solidarität und Recht auf Arbeit vor allem, wenn man es auf die internationalen Beziehungen anwendet. Ein eklatantes Beispiel dafür ist die Sicherung der Arbeitsplätze im Bereich der Herstellung sogenannter „wehrtechnischer" Güter. In den Industriestaaten werden große Mengen von Waffen hergestellt und exportiert. Selbst wenn dieser Wirtschaftszweig, bezogen auf die Gesamtwirtschaft, nur von relativ geringer Bedeutung ist, wird er doch leicht aufgrund seiner Zuwachsraten als ein Ort betrachtet, wo die Sicherung und Ausweitung der Arbeitsplätze in besonderer Weise möglich ist. Gerade hier aber sind die schlechten Folgen mit Händen zu greifen. Die menschliche Solidarität mit den Benachteiligten in der Dritten Welt, wo die meisten dieser exportierten Waffen eingesetzt werden, steht in Spannung mit der Solidarität der in diesem Wirtschaftszweig arbeitenden Menschen zueinander. Hier stellt sich die Frage, ob Solidarität teilbar ist. Sie ist gewiß nicht teilbar, wenn das Lebensrecht der Menschen entscheidend berührt wird. Dennoch ist es möglich, daß Gewerkschaftsbewegungen, die auf ihre internationale Solidarität mit den arbeitenden Menschen besonderen Wert legen, für die Auswirkungen einer strikten Durchsetzung des Rechtes auf Arbeit vor Ort im internationalen Bereich blind sind. Dieses Dilemma ist besonders dann nicht einfach zu lösen, wenn der Waffenexport aus politischen und ökonomischen Gründen von den Industriestaaten zu wenig eingeschränkt wird.

Weniger deutlich sichtbar, aber im Grunde fast ebenso problematisch ist die ganze Frage der Sicherung von Arbeitsplätzen durch die Exportwirtschaft. Solange die Exportwirtschaft innerhalb gemeinsamer Märkte unter der Maxime der Gegenseitigkeit ausbalanciert wird, besteht die Möglichkeit der politischen Kontrolle ökonomischer Expansion. Aber gerade der Export von Industriestaaten in Länder der Dritten Welt ist mit einer Erhöhung der Verschuldung verbunden, die deren Volkswirtschaften in eine immer schwierigere Lage hineinbringt. Die ökonomische Abhängigkeit wirkt sich auf die Arbeitsmarktsituation der Länder der Dritten Welt entschieden aus. Auch hier ist es sicherlich sehr schwer, die Maxime der Solidarität gegenüber den Benachteiligten im Bewußtsein der arbeitenden Menschen in den Industriestaaten wachzuhalten. Umgekehrt kann die Schaffung von Arbeitsplätzen durch multinationale Firmen in Ländern der Dritten Welt sich ebenso ambivalent auswirken[25]. Die Verlagerung der Produktion in Gebiete, in denen niedrigere Löhne bezahlt werden können, bedeutet wiederum eine Reduktion von Arbeitsplätzen in den Industriestaaten. Auch dies ist ein Phänomen, das Solidarität der arbeitenden Menschen mit den Benachteiligten bzw. den Arbeitslosen besonders schwierig macht.

Damit wird deutlich, daß die Solidarität der arbeitenden Menschen in bezug auf das Recht auf Arbeit nicht deshalb so schwierig wird, weil den Menschen in der Situation der Konkurrenz um Arbeitsplätze das Hemd näher ist als der Rock, das heißt, weil sie generell ihr Recht auf Arbeit auf Kosten anderer durchsetzen wollen. Die Konflikte der Solidarität sind vorrangig strukturelle Konflikte. Strukturelle Konflikte aber können nur durch gerechtere Wirtschaftsbeziehungen und durch eine internationale Ausrichtung der Beschäftigungspolitik wirksam bekämpft werden. Dennoch kann auch die Solidarität der arbeitenden Menschen in bestimmten Problembereichen Problemlösungen erleichtern. Dies gilt zum Beispiel für Problemlösungen von der Art der Teilung von Arbeitsplätzen bzw. der Arbeitszeitverkürzung[26]. Es ist kaum möglich, daß die Solidarität mit dem Recht auf Arbeit ohne die Bereitschaft zu Einschränkungen bei sich selbst vollzogen werden kann. Dies gilt sowohl im nationalen wie im internationalen Bereich.

Die Verhinderung der Solidarität

Die Solidarität mit dem Recht auf Arbeit scheint heute im wesentlichen *durch drei Faktoren behindert* zu werden. Der *erste Faktor* ist eine Unternehmungsstruktur, die stark zwischen der Verantwortung für den eigentlich ökonomischen Bereich und der Verantwortung für den Bereich der Gestaltung der Lohnarbeit selbst unterscheidet. Damit wird die Solidarität der arbeitenden Menschen von den Auswirkungen der ökonomischen Faktoren auf die Lage der arbeitenden Menschen getrennt. Der Weg zur Solidarität mit dem Recht auf Arbeit führt dann nur noch über die Beteiligung der Politik der Staaten. Dies ist aber für die meisten arbeitenden Menschen nur eine sehr indirekte Beteiligung. Für den einzelnen arbeitenden Menschen besteht wenig Möglichkeit, Transparenz im Hinblick auf das Problem des Verhältnisses seiner Eigenarbeit zum Recht auf Arbeit anderer zu erlangen, vor allen Dingen, wenn dieses Problem in den internationalen Bereich hineinreicht. Die Trennung von Solidarität und ökonomischer Effizienz, die im reinen Gegenüber der Sozialpartner grundgelegt ist, kann nur aufgehoben werden, wenn die Forderung der Priorität der Arbeit vor anderen Produktivkräften, die seitens der katholischen Soziallehre seit einiger Zeit immer deutlicher erhoben wird, endlich eingelöst werden kann[27].

Solidarität mit dem Recht auf Arbeit setzt den Vorrang des ökonomischen Faktors Arbeit vor anderen ökonomischen Faktoren voraus. Im anderen Falle erhält nicht nur die ökonomische Expansion den Vorrang vor der Beschäftigungspolitik, sondern sie erscheint auch als das primäre Mittel, die Probleme dieser Beschäftigungspolitik zu lösen[28]. Ferner wird durch die Aufteilung der ökonomischen und sozialen Verantwortung das wechselseitige Anspruchsdenken der Sozialpartner geradezu gefördert. Mehr Lohn wird dann zum Beispiel wichtiger als die Forderung des Rechts auf Arbeit anderer.

Ein *zweiter Faktor* ist das mangelnde Gleichgewicht der Märkte. Die Monopolisierung der Produkte und der Preise durch Unternehmensgruppen bringt eine Verringerung der Gesamtzahl von Betrieben mit sich, vor allem von kleineren und mittleren Betrieben, die am meisten zu einer Streuung der Arbeitsplätze beitragen. Das Ungleichgewicht in der internationalen Marktsituation, vor allem zwischen Ländern der Ersten und Dritten Welt, ist oft genug angeprangert worden. Die Politik der Entwicklungshilfe hat sich als unzulänglich erwiesen, dieses Problem zu lösen. Denn mit der Förderung der Schwachen war eine Expansion der Starken verbunden. Deshalb sind sowohl die binnenwirtschaftlichen als auch die außenwirtschaftlichen Ungleichgewichte nicht verringert, sondern vergrößert worden. Immerhin ist eine gewisse Neuorientierung der Entwicklungspolitik in Richtung auf Beschäftigungsförderung, gerechtere Einkommensverteilung und Befriedigung von Grundbedürfnissen zu beobachten. Diese Probleme können aber letztlich nicht durch Einzelmaßnahmen, sondern nur durch eine Stärkung der internationalen Autoritäten und durch eine gerechtere Weltwirtschaftsordnung gelöst werden.

Als *dritter Faktor* ist sicherlich der Technologietransfer zu nennen. Die Entwicklung neuer Technologien, vor allem im Bereich der Informationsverarbeitung, gehört sicherlich auch, neben der Verteuerung der Ressourcen, zu den strukturellen Bedingungen, die am gegenwärtigen eklatanten Wachstum der Arbeitslosigkeit mitwirken[29]. Während aber in den Industriestaaten die Entwicklung neuer Technologien zugleich auch die Entwicklung neuer Produktionsstätten einschließt, sind die Entwicklungsländer von dieser partiellen Umschichtung nahezu ausgeschlossen. Die neuen Technologien werden daher zum entscheidenden Faktor einer neuen Expansionswirtschaft, die das Ungleichgewicht der Märkte nur noch mehr verstärken wird. Der Bericht des Internationalen Arbeitsamtes über die Beschäftigungspolitik kommt daher im Hinblick auf das Problem des Technologietransfers zu folgendem Urteil: „Solange die entwickelten Länder keine günstigere Einstellung hinsichtlich einer neuen Weltwirtschaftsordnung zeigen, die eine größere internationale Gerechtigkeit schaffen würde, werden die Informationstechnologie und ihre Anwendungen die wirtschaftlichen Ungleichheiten zwischen weniger entwickelten und industriell fortgeschrittenen Ländern wahrscheinlich noch vergrößern"[30]. Eine solche vergrößernde Ungleichheit ist aber zugleich auch eine Verhinderung der Solidarität mit dem Recht auf Arbeit in diesen Ländern.

Solidarität als Selbstbegrenzung

Neben dem Strukturwandel ihrer ökonomischen Bedingungen verlangt Solidarität mit dem Recht auf Arbeit auch die Bereitschaft zur eigenen Einschränkung und Selbstbegrenzung. Daß Solidarität Opfer verlangt, ist ein bekanntes Schlagwort, das in allerlei staatlichen und auch kirchlichen Dokumenten[31] gern Verwendung findet. Dieser Appell kann freilich leicht dahingehend mißverstanden werden, als gehe es um die Verteilung des Mangels unter denjenigen, die schon bisher von ihm am meisten betroffen wurden. Bei der wechselseitigen Implikation von Solidarität und Selbstbegrenzung geht es jedoch um mehr: Es geht darum, die Grenzen eines Systems zu entdecken, das bisher die Emanzipation des Rechtes auf Arbeit mit dem Gesetz des ökonomischen Wachstums unlöslich verband.

Die Forderung nach Solidarität durch Selbstbegrenzung bezieht sich zunächst auf das forcierte Wachstum der Wirtschaft. Dabei geht es nicht um eine Alternative von Wachstum oder Schrumpfung[32]. In der Ökonomie besteht kein Zweifel darüber, daß rückläufige Bewegungen der Wirtschaft ebenso gefährlich sind wie eine blinde Förderung der Wachstumskräfte der Erwerbswirtschaft. Es kommt jedoch darauf an, das Wachstum qualitativ so zu verändern, daß zum Beispiel Investitionen danach geplant werden, daß sie nicht den Einsatz von Arbeit, sondern den Einsatz von Energie und Rohstoffen reduzieren. Die Ziele einer Energiestabilisierung, einer gerechteren Einkommensverteilung und einer Sicherung bzw. Beschaffung von Arbeitsplätzen müssen miteinander in ein Gleichgewicht gebracht werden. Je größer die Verteilung der Energiequellen ist, um so breiter kann auch das Angebot von Arbeitsplätzen sein. Je geringer die Abhängigkeit vom Transfer einiger weniger Energien ist, um so günstiger ist die Lage für eine wirtschaftliche Selbstversorgung. Das bedeutet eine stärkere Regionalisierung der Wirtschaft und der Beschäftigungspolitik. Unter Umständen muß durch eine gerechte Weltwirtschaftsordnung eine Teilautonomie von Regionen gesichert werden, in denen die Verteilung der Arbeit wichtiger ist als die schnelle Expansion der Ökonomie.

Das alles ist leichter gesagt als getan. Denn es setzt einen entschiedenen Bewußtseinswandel der Bevölkerung in den Industrieländern voraus. Dabei geht es weniger um die Bereitschaft des einzelnen, sich in seinem eigenen Lebensbereich sparsamer zu verhalten und auf das eine oder andere Konsumgut zu verzichten. Es geht vielmehr um die Mehrheitsfähigkeit einer Politik, die von der Einsicht ausgeht, daß die früheren Folgen der Expansionswirtschaft auf die Lage der Bevölkerung der Dritten Welt zu späten Folgen für die eigene Wirtschaft werden können. Gerade dort, wo ein gewisser Grenznutzen an Konsumgütern erreicht ist, wächst die Einsicht, daß eine Steigerung des Konsums letztlich nicht den eigenen Interessen dient, sondern nur einen Bestandteil des Expansionsdrangs bestimmter Wirtschaftszweige darstellt.

Wenn der wirkliche Nutzen der Güter nicht durch ihren

Besitz, sondern durch ihren Gebrauch bestimmt wird, dann läßt sich auch in den Konsumgesellschaften ein Gebrauch der Güter denken, der den Eigenbedarf im gemeinsamen Besitz gesichert sieht. So wie sich landwirtschaftliche Genossenschaften größere Geräte teilen können, ohne daß dabei die einzelnen ihren Nutzen verlieren, so ist es auch denkbar, daß Haushalte größere Geräte durch gemeinsamen Gebrauch besser ausnützen. Die Sicherung der Arbeitsplätze durch einen hohen quantitativen Ausstoß von Konsumgütern könnte dabei der Priorität einer größeren Fertigungsqualität und Lebensdauer weichen, durch die auf andere Weise Arbeitsplätze gesichert werden.

Solidarität und Selbstbegrenzung betreffen aber auch die Arbeit des einzelnen Menschen selber. Die mit den Strukturen der Über- und Unterordnung sowie der Konkurrenz verbundene Leistungsgesellschaft setzt den arbeitenden Menschen voraus, der den beruflichen Aufstieg als den eigentlichen Identitätsgewinn betrachtet. Immer mehr Menschen kommen jedoch zu der Einsicht, daß Aufstieg durch harte Konkurrenz nicht den letzten Maßstab der Lebensqualität darstellt. Sie sehen ein, daß Arbeit nicht nur Identitätsgewinn mit sich bringen kann, sondern auch die eigene Identität abbaut, wenn sie auf Kosten menschlicher Solidarität vorangetrieben wird. Mit jedem Prestigegewinn durch Arbeit ist gleichzeitig eine Diskriminierung anderer Arbeit verbunden. Solidarität in der Arbeit sollte die Grenzen zwischen den arbeitenden Menschen reduzieren und nicht verstärken. Je mehr die Humanisierung der Arbeitsplätze fortschreitet, um so weniger wird es notwendig, um die jeweils besseren Arbeitsplätze mit dem Einsatz der gesamten Existenz zu kämpfen.

Während auf der einen Seite die Selbstverwirklichung in der Arbeit und am Arbeitsplatz verbessert werden muß, sollte auf der anderen Seite die Perspektive zurücktreten, daß Selbstverwirklichung nur unter dem Leitbild der Arbeit gesichert werden kann. Sosehr wir das Recht auf Arbeit befürworten, so sehr brauchen wir eine Begrenzung der Erwartungen, die in die Verwirklichung dieses Rechtes gesetzt werden. Der Mensch kann sich nicht allein von der Arbeit her verstehen. Auf der anderen Seite aber kann er auch wenig Erwartungen in eine Vergrößerung der Freizeit setzen, die ihrerseits vor allem als industrieller Absatzmarkt verstanden wird. Solidarität als Selbstbegrenzung verlangt ein neues Verständnis der Identität des Menschen. Diese Identität kann vor allem als solidarische Identität begriffen werden[33]. Nicht Arbeit macht das Leben süß, sondern die in der Arbeit mögliche Interaktion und Kommunikation. Das gleiche gilt für die Verhältnisse der Freizeit, in denen sich die Verhältnisse der Arbeitswelt widerspiegeln.

Solidarität als Selbstbegrenzung würde daher einen Wechsel in der Gestaltung und im Rhythmus der Arbeit voraussetzen. Es gibt verschiedene Modelle der Humanisierung der Arbeit, in denen dazu Ansätze enthalten sind. Dazu gehören zum Beispiel: die Souveränität über die Einteilung der eigenen Arbeitszeit, die bewußte Zusammenarbeit auf geteilten Arbeitsplätzen, die teilautonome Arbeitsgruppe, die ein Produkt in gemeinsamer Arbeit von Anfang bis zum Ende herstellt. Solidarität als Selbstbegrenzung verlangt, daß Interaktion und Kommunikation den Vorrang vor Leistung und Prestige erhalten.

Christliche Solidarität und Theologie der Arbeit

Die christliche Solidarität verwirklicht das hohe Ethos der Nächstenliebe[34]. Sie kann sich nicht damit begnügen, das Recht des anderen anzuerkennen, sondern sie fördert ihn auch darin, als Mensch von anderen Menschen angenommen zu sein. Eine solche Solidarität steht heute vor einem Dilemma: Auf der einen Seite sollte sie sich konkret, das heißt von Angesicht zu Angesicht, an der Basis vollziehen, also Solidarität der miteinander arbeitenden Menschen selbst sein. Auf der anderen Seite verlangt sie, gerade in den Industrieländern der Ersten Welt, eine Solidarität mit den „Fernsten", das heißt mit den Benachteiligten an der Peripherie des Weltwirtschaftssystems. Wir haben gesehen, daß beides miteinander in Widerstreit geraten kann. Dieses Dilemma kann nur durch eine schrittweise geschehende Überschreitung der Grenzen der jeweiligen Solidarität überwunden werden. Je mehr die arbeitenden Menschen ihre Solidarität auf die Arbeitslosen in ihrer Gemeinde und in ihrer Region ausdehnen, um so mehr erkennen sie, daß jede Solidarität eine Solidarität für andere sein muß.

Christliche Solidarität erweist die innere Kraft ihres Zusammenhalts in ihrer äußeren Wirkung. Gerade darin ist sie eine fortschreitende Aufhebung der selbstverständlichen Gleichgültigkeiten unseres Lebens. Es gibt keine Besitzstände, für die nicht ein anderer die Kosten mittragen muß. „Götzen sind daran erkennbar", sagt ein Hirtenbrief der niederländischen Bischöfe, „daß sie letztlich die Solidarität unter den Menschen zerstören"[35]. Ein solcher Götze ist die Wahrung von Besitzständen auf Kosten anderer. Wirkliche Solidarität setzt voraus, daß der andere sich in dem, was wir beanspruchen, zugleich mit angenommen weiß. Darum können wir unser eigenes Recht auf Arbeit um so mehr beanspruchen, je mehr darin auch die Möglichkeit des Rechtes auf Arbeit anderer gewährleistet ist.

Wenn man dies voraussetzt, darf man eine Theologie der Arbeit nicht mehr so sehr wie bisher in bezug auf den einzelnen Menschen entwickeln. Wenn zwei theologische Voraussetzungen richtig sind, daß nämlich der Mensch als Ebenbild des tätigen Schöpfergottes erstens von vornherein als Gemeinschaft verstanden werden muß und zweitens in dieser Gemeinschaft auch das Zusammenwirken eines trinitarischen Gottes abbildet, dann kann Arbeit nicht mehr einfach als Akt schöpferischer Selbstverwirklichung des einzelnen in der Realisation des göttlichen Schöpfungsauftrags und in der Vorbereitung der endzeitlichen Durchdringung der Schöpfung durch die Versöhnung verstanden werden.

Daß der Mensch von Anfang an mit gleicher Würde als Mann und Frau erschaffen ist und daß diese Schöpfung die Selbstüberschreitung auf das Du hin von Anfang an beinhaltet (vgl. Gen 1, 26 – 28), wirkt sich auch auf das theologische Verständnis der Arbeit aus. Arbeit ist nicht so sehr Ort der Selbstverwirklichung als Ort der sozialen Selbstverwirkung[36]. Sie muß theologisch als Ort einer solidarischen Identitätsbildung verstanden werden. Wo Arbeit vereinzelt, erfüllt sie nicht den Schöpfungssinn. Wo Arbeit Beziehungen stiftet, wo sie bewirkt, daß der Mensch durch den anderen Menschen erst er selbst wird, wo Arbeit mehr ist als der Umgang des Menschen mit der technischen Apparatur, da führt sie zusammen, was Gott verbunden hat.

Dies bedeutet für das Recht auf Arbeit, daß es unter dem Gesichtspunkt christlicher Solidarität als Recht verstanden werden muß, das sich darin als gerecht erweist, daß es für den anderen beansprucht wird. Im Kontext eines christlichen Verständnisses der menschlichen Solidarität und einer christlichen Theologie der Arbeit haben wir uns also jeweils zu fragen, wie weit unsere Arbeit das Arbeitsrecht des anderen fördert und gerade darin ein Zeichen dafür ist, daß sie an der Schöpfungstätigkeit Gottes teil hat.

11
Der soziale Beruf im Dienst der Kirche

Vor über 650 Jahren hat Meister Eckhart eine Predigt gehalten[37] – zum Feste der hl. Elisabeth von Thüringen, seiner Landsmännin, der 1235 heiliggesprochenen Patronin der Nächstenliebe. In dieser Predigt beschreibt Meister Eckhart die Architektur der Seele, ihre Durchformung durch die theologischen Tugenden des Glaubens, der Hoffnung und der Liebe und ihre Auswirkung auf die soziale Praxis. Eckhart geht dabei offensichtlich davon aus, daß vor die Anforderungen des konkreten Tuns als Bedingung eine bestimmte Qualität des Daseins gestellt ist. Berühmt sind seine Formulierungen aus den Reden der Unterweisung: „Nicht gedenke man Heiligkeit zu setzen auf ein Tun, sondern auf ein Sein. Nicht die Werke heiligen uns, sondern wir sollen die Werke heiligen."[38] Wir vermögen heute seine Ausführungen in der erwähnten Predigt vielleicht nicht mehr unmittelbar nachzuvollziehen, wohl aber den Kern dieses Gedankens: Der Mensch braucht Erkennen, aber im Glauben; Streben, aber in der Hoffnung; Wollen, aber in der Liebe und umgekehrt. Sind die Seelenkräfte so durchformt, dann ist ihre Wirkung in der Welt kraftvoll, und dementsprechend entwirft Meister Eckhart das Bild der Elisabeth:

„Diese Frau war nach außen vor der Welt im Reichtum und in Ehren, inwendig aber hatte sie die wahre Armut. Und als ihr der äußere Trost abging (d. h. als sie verfolgt wurde), floh sie zu ihm, zu dem alle Kreaturen fliehen, und verachtete die Welt und sich selbst. Damit kam sie über sich selbst und verachtete es, daß man sie verachtete, daß sie sich darum nicht bekümmerte ... Sie begehrte danach, kranke und schmutzige Menschen waschen und pflegen zu dürfen in reinem Herzen."[39]

Offensichtlich steckt in jedem sozialen Beruf, aus dem Glaubensvollzug heraus, ein Stück Vermittlung von Gotteserfahrung und Weltverantwortung[40]. Dies in unserer Sprache auszuarbeiten und angesichts der aktuellen Anforderungen zu bewahrheiten, scheint mir die Aufgabe dieses Beitrags. Damit wir aber zunächst einmal den Zugang aus den gesellschaftlichen „Zeichen der Zeit" gewinnen, ist es nötig, einen Blick auf die gesellschaftlichen Zusammenhänge des sozialen Berufes zu werfen.

„Helfen"

Der soziale Beruf ist ein Beruf des Helfens. Helfen aber heißt, sich im Dienst anderer Menschen zu unterstellen, damit sie sich selbst weiterhelfen können. Im Samaritergleichnis ist diese Grundstruktur sehr schön zum Ausdruck gebracht. Zugleich ist dort von Kriterien die Rede, die sich nicht allein und primär auf das Bedürfnis des Nächsten richten, sondern auch und vor allem auf die Qualität des Helfers. Die Frage lautet: Wem bin ich Nächster? Und diese Frage wird näher bestimmt: Wem bin ich notwendig, wer ist mir anvertraut? Wir kommen auf diesen Ausgangspunkt noch zurück.

In früheren Gesellschaften gehörte das „Helfen" in diesem Sinne zur Struktur der Gesellschaft selbst. Denken wir an die Spitäler, die Waisenhäuser, die Armenpflege usw. In Schweizer Bürgergemeinden lebt dieser Gedanke heute noch fort, oder auch in den Zünften, die dort noch existieren: jeder, der „dazugehört", hat einen bestimmten Anspruch auf eine Zusicherung der Grundbedürfnisse seiner Existenz, gleich wie es ihm im Leben und in der Leistung ergeht. Die heutige Gesellschaft aber sieht anders aus. Nach dem Soziologen Niklas Luhmann besteht der Umbruch darin, daß an die Stelle des Helfens im Sozialstaat die Strukturanpassung getreten ist, das heißt, der Staat organisiert sie im sozialen Bereich oder auch in internationalen Verhältnissen so, daß Helfen überflüssig wird und Differenzen der sozialen Lage möglichst nur noch auf Leistungsunterschiede zurückgeführt werden[41]. Man kann das sehr gut an der Wandlung der sogenannten Entwicklungshilfe beobachten: An die Stelle des direkten Helfens tritt, und mit einem gewissen Recht, die Förderung sozialer Strukturveränderung.

Helfen tritt danach in unserer Gesellschaft nur noch in zwei Formen auf: einmal als Randphänomen zur Kompensation der Unfälle des Systems in der Gesellschaft. Gerade diese Kompensation wird als Service-Leistung den Kirchen zugeschoben, wenn auch nicht allein, wobei im Extremfall Helfen paradoxerweise unter Umständen die Strukturveränderung aufhalten kann.

Zweitens tritt Helfen auf als Möglichkeit der sozialen Selbstverwirklichung des Menschen in der Fürsorge. Dabei besteht bekanntlich die Gefahr, daß eine Art sozialpsychologische Kompensation für den Identitätsdruck entsteht, der auf dem Menschen lastet, das sogenannte und vielzitierte „Sozialsyndrom". Man sieht, helfen ist unter gesellschaftlichen Bedingungen problematisch und verlangt Rückbesinnung auf diese Bedingungen.

„Beraten"

Eine spezifische Form des Helfens in der Gesellschaft ist das Beraten. Wie ein Netz überdecken die Beratungssysteme alle Lebensbereiche in der Gesellschaft. Dies gehört zum System selbst. Je undurchschaubarer und ausdifferenzierter die gesellschaftlich bestimmten Lebensformen des Menschen werden, um so mehr tritt die Souveränität der einzelnen, ihre eigene Fähigkeit zur Orientierung und Entscheidung, zurück. Niklas Luhmann spricht deswegen von einem Überflüssigwerden „anthropologischer Denkvoraussetzungen"[42]. Der Mensch braucht Beratung. Und gerade dieser ratsuchende Mensch ist das Objekt der Humanwissenschaften und Sozialwissenschaften, und nicht nur dieser allein. Sie entwickeln in gesellschaftlicher Funktion die vielen Problemlösungen, so die Verhaltensforschung, die verschiedenen psychologischen Richtungen, die verschiedenen sozialwissenschaftlichen Richtungen, die Pädagogik. Alles dies gilt nicht ausschließlich für die Humanwissenschaften, sondern anders auch für den Rechtsbereich, für den ökonomischen Bereich, für den medizinalen Bereich.

Zu diesem System der Beratung zwei gesellschaftliche Beobachtungen:

a) Humanwissenschaften entwickeln aus der Forschung Problem- und Krisenlösungstechniken, ein Know-how, das vor allem sozialtechnologisch (die Amerikaner sprechen von social engineering) einwirkt. Das Problem, das dabei entsteht, ist uns in den letzten Jahren in besonderer Weise bewußt geworden, zum Beispiel: Kann Technik der Sozialisation Erziehung ersetzen, und ist das richtig? Unter dieser Perspektive sieht man den hohen Belastungsdruck, der durch die sozialtechnischen Problem- und Krisenlösungen entsteht. Jeder fragt sich in seiner Situation: Mach' ich es auch richtig vor diesen Ansprüchen der Problemlöser? Probleme aber müssen gerade unter diesem Gesichtspunkt der Fortschrittsideologie der Wissenschaften vom Menschen und der Gesellschaft *gelöst* und sie dürfen nicht mehr *ausgehalten* werden.

b) Man spricht heute viel vom Anspruchsdenken. Man könnte dieses Anspruchsdenken auch, und zwar ohne die moralische Disqualifikation, die in diesem Wort liegt, als „Problemlösungserwartungen" bezeichnen. Und gerade in diesen Problemlösungserwartungen zeigt sich die Paradoxie einer zugleich freien und sozialen Gesellschaft. Je mehr nämlich diese Gesellschaft in ihren Strukturen, nehmen wir als Beispiel die ökonomischen, die rechtlichen, die medizinalen, die Bildungsstrukturen, je mehr eine solche Gesellschaft dem einzelnen entgegenkommt, je mehr sie ihm eine Fülle differenzierter Wahlprogramme für sein Leben vermittelt bis hin zum Angebot der jetzt im Gespräch befindlichen neuen Medien, um so mehr zerstört dieser Prozeß seine eigene Initiative. Um so mehr fühlt sich der betroffene Mensch, der gerade dadurch seine Erhöhung und Entlastung seiner Freiheit erfahren sollte, belastet, ja um so mehr fühlt er sich unter Umständen schuldig. Er fühlt sich schuldig, weil das ausdifferenzierte Programm, in dem er eine unendliche Fülle von Wahlmöglichkeiten hat, ihm nicht mehr die Möglichkeit läßt, dann, wenn er *nicht* funktioniert, wenn er versagt, in irgendeiner Weise außerhalb seiner selbst noch eine Schuld finden zu können. Man sieht unter der Perspektive dieser beiden Beobachtungen: auch Beraten ist unter gesellschaftlichen Bedingungen problematisch und verlangt Rückbesinnung auf Antriebskräfte, die über diese Lage hinausgehen.

„Strukturieren"

Den gesellschaftlichen Voraussetzungen am nächsten scheinen Initiationen, Organisationen und Verwaltung von Randproblemen der Gesellschaft durch Gruppenbildungen, etwa von Behinderten, von Ausländern, von Suchtkranken, von Arbeitslosen und Asylanten usw., alles Aufgaben, die auch von der Caritas her geleistet werden. Es entstehen, wie es ein Schriftsteller einmal ausgedrückt hat, „solidarische Nester" (B. Strauß). Diese Form des Strukturierens von unten, auch der Teilnahme an Basisbewegungen, scheint der gesellschaftlichen Effizienz am nächsten, denn von ihr gehen in der Tat Innovationen und Potentiale von Strukturveränderungen aus. Doch auch hier stellen sich Probleme. Einmal das schon erwähnte Problem der Kompensation: ein soziales Netz in freier Trägerschaft fängt z. B. kompensatorisch die Unfälle des Systems auf. Ein Beispiel dafür ist das karitative flankierende Abfangen der Situation schwangerer Mütter angesichts der Möglichkeit der Abtreibung. Ein zweites Problem besteht darin: in der hohen Ausdifferenzierung der Probleme liegt die Gefahr, daß eine Reihe von neuen Bürokratien und Verwaltungen entstehen und daß sich das Strukturieren im Bürokratisieren festläuft.

Können diese drei Problemlagen, die ich skizziert habe, mit ihrem Anspruch an die Qualität des sozialen Berufes, und zwar sowohl was das Bewußtsein als auch was das Verhalten anbetrifft, durch die spezifischen Möglichkeiten des sozialen Berufes im Dienst der Kirche, und das heißt doch einer Glaubensgemeinschaft, und damit auf dem Hintergrund des praktischen Glaubensvollzugs auf eine andere, auf eine neue Basis gestellt werden? Die Beantwortung dieser Frage ist entscheidend.

Kirche ist anders als Gesellschaft, ist Kirche anders als Gesellschaft?

Wenn man die Überlegungen heranzieht, die Gerhard Lohfink in seinem Buch „Wie hat Jesus die Gemeinde gewollt"[43] angestellt hat, dann müßte man die Forderung an die Kirche und die Gemeinden stellen, alternative Formen der Gesellschaft zu sein. Wäre also Kirche anders, dann wäre sie alternativ in der Form der Anwendung von Techniken; dann wäre sie alternativ in der Form der Bürokratie; dann wäre sie alternativ zur Paradoxie von Freiheitsanspruch und zum Zwang der Programmwahl zugleich, indem sie eine wahre Befreiung des Menschen vertreten würde. Sie wäre alternativ in den Techniken, indem sie sanfte Formen der Sozialtechnik wählte; sie wäre alternativ zur Bürokratie, indem sie persönliche Formen der Einwirkung bevorzugen würde; sie wäre alternativ zum Zwang, indem sie ihr Wort wahr macht, das der jetzige Papst, Johannes Paul II., immer wieder in seinen Reden und Rundschreiben ausspricht: „Der Mensch ist der erste Weg der Kirche."[44] Und schließlich wäre eine solche Kirche alternativ zu den Formen geschlossener Solidarität, in denen sich gegenseitige Hilfeleistung in unserer Gesellschaft meist ereignet. Und sie müßte gerade deswegen Formen offener Solidarität nicht nur mit denen, die Hilfe brauchen, sondern auch mit denen, die ihr in der Hilfe entgegenkommen, entwickeln, das heißt mit denen, die zwar ihr Engagement für den Menschen teilen, unter Umständen aber nicht ihren ganzen Glauben[45].

Der soziale Beruf:
„kirchlicher Dienst" oder „im Dienst der Kirche"?

Nicht ohne Absicht habe ich im Titel dieses Beitrags die Formulierung „im Dienst der Kirche" vorgezogen. Dabei ist freilich die Wortwahl weniger entscheidend als das Sachproblem. Geht es darum, daß kirchliche Aktion sich in die Personen verlängert, oder geht es um Initiativen der dem Lebensbereich zugeordneten Berufe, die von sich aus den Dienst der Kirche selbsttätig interpretieren? Wie sieht dies theologisch aus? Wollte man den sozialen Beruf im Dienst der Kirche theologisch interpretieren, so ergäbe er sich aus der Teilhabe an der allgemeinen Diakonie der Kirche, analog zur Teilhabe jedes Gläubigen am allgemeinen Priestertum in der Kirche. Nicht also einfach eine Verlängerung der verschiedenen Amtsaufgaben in der Kirche, sondern ein Zeugnis der Glaubensgemeinschaft selbst, das sich eigentlich in jedem einzelnen Christen ausdrücken müßte. Vor allen Dingen müßte es sich in den „weltzugewandten" Christen, den Laien, realisieren, von denen „Gaudium et Spes" und Pauls VI. apostolisches Schreiben „Octogesima adveniens" sagen, sie sollten nicht erst saumselig warten, bis ihre Hirten oder Oberen in der Lage sind, ihnen eine Direktive zu geben[46].

Der soziale Beruf und sein Glaubensprofil

Wie profiliert der Glaube sich praktisch? Die Antwort auf diese Frage (es sei an den Ausgangspunkt bei Meister Eckhart erinnert) ist klar und eindeutig: Der Glaube profiliert sich praktisch im Lieben und im Hoffen. „Christ-sein", sagt Jürgen Moltmann, „heißt Hoffnung haben."[47] „Wer liebt", sagt Joseph Ratzinger, „ist ein Christ."[48] Es ist keineswegs ein Zufall, daß etwa die Gemeinsame Synode der Bistümer in der Bundesrepublik Deutschland ihr *Glaubens*bekenntnis unter dem Titel „Unsere Hoffnung" abgelegt hat und daß Gott in der Sprache der Hoffnung heute in besonders intensiver Weise erfahrbar zu sein scheint. Die ethische Qualität des christlichen sozialen Berufes liegt also in den Antriebskräften von Liebe und Hoffnung. Dazu einige Kernaussagen:

a) Was heißt denn Hoffnung heute? Hoffnung versteht sich erstens als Alternative zu Prognose und Hochrechnung der Zukunft, d. h. als Möglichkeit und Fähigkeit zum Vertrauen in eine noch ungedeckte und noch unentdeckte Zukunft, als Verzicht auf ein Sicherheitsethos, das nur gegenwärtige Besitzstände in die Zukunft hinein bewahren und vergrößern will.

Praktische Merkmale eines solchen Hoffens setzt sicherlich gerade im Kontext des christlichen Glaubens das Gebet. Und zwar das Gebet in jener besonderen Form, in der sich nicht primär das Ich des Menschen an ein größeres Du richtet, sondern primär in der Form, in der der Mensch sich selbst als Du eines größeren Ich erfährt und sich darin in der Erinnerung des Heilshandelns Gottes geborgen weiß.

Hoffnung zeigt sich zweitens in jenem praktischen Ethos der Verlebendigung, das die „Mentalität der Auferstehung", die bei den Christen verbreitet sein sollte, zum Ausdruck bringt. Verlebendigung, um es mit einem Beispiel zu sagen, heißt etwa, daß der Dienst am anderen Menschen diesem das Leben in Fülle zuspricht, bedeutet, daß das intensive Eingehen auf den anderen in dem Sinne, wie es etwa die Würzburger Synode an der Ehe deutlich gemacht hat[49], Dienst ist an der Auferstehungsgestalt und damit am vollen Leben des anderen.

Hoffnung bedeutet drittens die Fähigkeit zu antizipieren, das heißt, vertrauensvoll unsere noch ungedeckte und unentdeckte Zukunft vorwegzunehmen, ehe die Möglichkeiten der Gesellschaft dafür bereits gegeben sind. Dies gilt zum Beispiel für das große Thema von Frieden und Versöhnung, das uns in diesen Jahren in besonderer Weise bewegt.

b) Was heißt Lieben heute? Wir meinen „lieben" im Sinne des praktischen Glaubensvollzuges, das heißt ein Lieben, das von einer Bestimmung durch Gott, von einer Erfahrung Gottes ausgeht, und zwar der Erfahrung Gottes als eines Ich, das im vorhinein das menschliche Du bereits liebt. Ich habe bei der Entwicklung eines Kindes beobachtet, daß es zuerst von sich als „Du" sprach, ehe es sich als „Ich" ausdrücken konnte. Es erfuhr sich zuerst als Du der Eltern. Ähnlich ist es mit der Erfahrung der Gottesliebe: Gottes-Liebe (Genitivus subjectivus), nicht als eine Liebe von uns zu Gott gewendet, sondern als Erfahrung einer schon vorhergehenden Liebe Gottes, die zu uns ergeht, verstanden. Und diese Erfahrung der Gottesliebe könnte man mit Augustinus und Meister Eckhart, die darüber sehr tief nachgedacht haben, als Therapie der Selbstliebe des Menschen bezeichnen[50]. In der Auslegung des Gebotes „Liebe deinen Nächsten wie dich selbst" sagen sowohl Augustinus wie Meister Eckhart, daß das „dich selbst" so zu verstehen sei, daß der Gleichklang der Nächstenliebe mit der Gottesliebe sich gerade in der Therapie des eigenen Selbst ausdrückt, in der Heilung des eigenen Selbst. Augustinus stellt daher die Forderung auf, „wenn du Gott liebst, kannst du dich selbst lieben, und dann kannst du auch deinen Nächsten lieben", oder: „Liebe deinen Nächsten, nicht wie du dich selbst haßt, sondern wie du dich selbst liebst. Denn wenn du dich selbst haßt, dann möchte ich, daß dir kein Nächster anvertraut werde." Diese Frage aber, wer ist mir anvertraut, wem bin ich Nächster, und die Frage nach den Qualitäten, die ich aufbringen muß, um jemand Nächster sein zu dürfen, das ist die Frage, die auch das Evangelium stellt, wie wir bereits am Gleichnis vom barmherzigen Samariter gesehen haben.

Nicht allein gelassen – Solidarität von oben

Wir fragten, ist Kirche anders als Gesellschaft? Der kirchliche Bezug muß sich dem Helfer gerade darin ausdrücken, daß er sich nicht allein gelassen erfährt. Daß er das erfährt, was man eine gleichzeitige Solidarität von unten wie von oben nennen könnte. Bekannt ist die Formulierung vom „hilflosen Helfer", die Wolfgang Schmidbauer geprägt hat. Freilich ist es wahr, daß der kirchliche Bezug auch eine Möglichkeit ist, gerade die Hilflosigkeit des Helfens in besonderer Intensität zu erfahren. Diese Situation des hilflosen Helfers ist eine Grundsituation, denn wäre Hilfe nicht letztlich hilflos, dann bräuchte es einmal keine Hilfe mehr zu geben. Aber gerade weil dies eine Grundsituation ist, müssen die Grundbedürfnisse der Helfer nach Identitätsbalance, nach personaler Beziehung und Begegnung und nach sozialer Anerkennung erfüllt werden. Es geht um das Moment, daß jedes Im-Dienst-der-Kirche, *mehr* als dies in der Gesellschaft unter den von mir genannten problematischen Voraussetzungen möglich ist, als eine Befreiung erfahren werden kann, weil dem Helfer die Kirche dient, das heißt konkret, der Rückhalt in den Gemeinden und in den Amtsträgern.

Haltung und Verantwortung des sozialen Berufs:
das ethische Profil im Subjekt

Alle Verantwortung beginnt mit der notwendigen Ausrüstung und Zurüstung im Bereich der Sachlichkeit und der Fachlichkeit. Und diese notwendige Ausrüstung in Sachlichkeit und Fachlichkeit muß zugleich mit einer Vermittlung von Theorie und Praxis im konkreten Sinnbezug erfahren werden. Das bedeutet konkret praxisbegleitete Ausbildung. Das Einspeisen von in sich stimmigen Theorien, die dann an der Praxis verifiziert werden *müssen*, verhindert Theorien, die in der Praxis verifiziert werden *können*, also noch für praktische Erfahrung offen sind.

Nun verlangt die Ausdifferenzierung der Lebensbereiche unserer Gesellschaft auf der einen Seite die *Spezialisierung* in der Sache und auf der anderen Seite gerade, je mehr die Spezialisierung der Sache zunimmt, die *Integrierung* in der Person. Die Spezialisierung der Sache ist unbedingt notwendig. Man kann nicht aus der Integrierung in der Person und aus den notwendigen Antriebskräften von Liebe und Hoffnung etwa einen Suizidanten zu beraten versuchen. Möglicherweise würde man ihm Aussagen der christlichen Hoffnung zu geben versuchen, die gerade in der Situation, in der er ist, nicht helfen können. Und hier ist es notwendig, die

Sachlichkeit und die Fachlichkeit zu wahren. Hier ist es notwendig, die notwendige und ausreichende Spezialisierung zu haben. Dennoch ist über diese Spezialisierung in der Fachlichkeit und Sachlichkeit hinaus ein zentrales Orientierungsmodell der Integrierung ethischer Verantwortung notwendig. Dies gilt insbesondere für den sozialen Beruf. Und hier möchte ich einen Vorschlag machen: Gerade die katholische Soziallehre hat im letzten Jahrzehnt, etwa seit 1970, in besonderer Weise das Leitbild, man kann auch sagen, das „Menschenbild" der sogenannten ganzheitlichen Befreiung entwickelt[51]. Dies, meine ich, müßte auch als Leitbild sozialer Berufe, als Integrationsfaktor gegenüber Ausdifferenzierung und Spezialisierung, neu studiert werden. Und zwar müßte es studiert werden als ein offener Sinngehalt[52], in dem man sich wiederfinden kann, als eine Vermittlung von Religiösem und Sozialem zugleich, als eine Vermittlung von Umkehr und Engagement und als Bestimmung einer sozialen Ich-Identität des Helfers selbst.

Unter diesem Leitbild stehen die folgenden Einzelfragen:

Die erste Frage: Wie kann ich so sein, fragt der Mensch im sozialen Beruf, daß ich den Dienst am anderen überhaupt ausüben kann? Hier geht es um die ethische Auswirkung der christlichen Grundfrage nach der notwendigen Therapie der Selbstliebe zugunsten der Nächstenliebe. Drei Momente sind dazu sicherlich notwendig und müßten als Haltungen entsprechend entwickelt werden. Erstens die Selbstfindung: Wer nichts Eigenes hat, sagt Meister Eckhart, der gerade das Sein beim anderen besonders scharf vertreten hat, der kann auch nichts Eigenes aufgeben. Selbstfindung dient im nächsten Schritt der Selbstannahme, der Fähigkeit, zu sich selbst stehen zu können, der Fähigkeit zu jener inneren Gelassenheit, die gerade im Umgetriebensein der sozialen Berufe so unbedingt notwendig ist. Und schließlich gehört zur Selbstfindung und Selbstannahme auch die Fähigkeit zur Selbstdistanz. Die Therapie der Selbstliebe im christlichen Kontext steht unter zwei einander anscheinend widersprechenden Perspektiven: Die eine hat sehr prägnant Thomas Mann formuliert, indem er sagte: „Wer sich selbst nicht wichtig nimmt, ist bald verkommen."[53] Und er hat recht. Die andere Perspektive steht im Evangelium, Lk 17, 33 (mit den entsprechenden Parallelen bei den anderen Evangelisten). Dort heißt es: „Wer sich selbst verliert, wird sich gewinnen." Es ist nur scheinbar ein Widerspruch. Nur wer sich selbst wichtig nimmt, der kann sich selbst aufgeben und sich im Verlieren zurückgewinnen.

Die zweite Frage: Wie kann ich so sein, daß ich den Dienst beim andern ausüben kann, was gehört dazu, daß ich in rechter Weise aus mir herausgehen und beim anderen sein kann? Auch hier sind Haltungen gefragt. Sicherlich als erstes einmal die Offenheit dafür, daß die Probleme des andern vorurteilskritisch gegenüber den eigenen Voreingenommenheiten wahrgenommen werden können. Über diese Offenheit hat der Philosoph Wilhelm Weischedel in schönen Worten gesprochen[54]. Ferner gehört zu diesem Aus-sich-Herausgehen und beim anderen Sein-Können die Kunst des Möglichen oder der „Möglichkeitssinn", wie das der Dichter Robert Musil genannt hat[55], das heißt eine Sensibilität für neue Möglichkeiten des anderen, eine Sensibilität auch für die Möglichkeiten neuer Formen von Vergemeinschaftung in der Gesellschaft. Man könnte eine Reihe von Haltungen nennen, die heute in besonderer Weise entwickelt werden müssen, die ich jetzt natürlich nicht hier entwickeln kann. Sicherlich die Kunst der Abwägung, die Zivilcourage, die Glaubwürdigkeit, vielleicht gerade jene namenlose Tugend, von der Karl Rahner einmal gesprochen hat; die Fähigkeit zur Parteinahme nach dem sog. Maximinprinzip[56], das heißt: der Christ ist auf der Seite des am meisten Benachteiligten, das größte Wohl des am meisten Benachteiligten ist sein Ziel.

Und schließlich *die dritte Frage:* Was gehört dazu, damit ich *zugleich* bei mir und beim anderen sein kann? Auch hier möchte ich drei Forderungen skizzieren. Damit ich zugleich bei mir und beim anderen sein kann, bedarf es erstens einer sozialen Vermittlungsgestalt, das heißt der Beheimatung in einer neuen, familienanalogen Solidarität. Der soziale Beruf kann nicht als isolierter Beruf gedacht werden. Der soziale

Beruf kann nicht nur in den Formen beheimatet sein, in denen wir alle beheimatet sind, denn er muß im Gleichklang getragen werden, und er bedarf deswegen der Solidarität dieser Berufe. Zweitens gehört dazu, und es klingt banal und selbstverständlich, ist es aber oft nicht, die Fähigkeit, mit anderen zusammenarbeiten zu können. Das heißt: der soziale Beruf ist von vornherein ein Beruf der Kooperation und kein Beruf der Selbstdarstellung. Und wenn die Fähigkeit, mit anderen zusammenzuarbeiten, allseitig entwickelt wird, besteht auch nicht die Gefahr, daß unter der repressiven Betonung dieser Fähigkeit etwa die besondere Initiative eines einzelnen auf das normale Maß heruntergeschnitten wird. Und schließlich gehört dazu, daß ich zugleich bei mir und beim anderen sein kann, die Erfahrung der Parteinahme Gottes. Alles sollte getan werden, um die Parteinahme Gottes zugleich für *alle* und in besonderer Weise für *jeden* erfahrbar zu machen, was wir Menschen ja gar nicht können, aber Gott ist dieses Urbild der Liebe: zugleich für alle und doch in besonderer Weise für jeden. Diese Erfahrung ist notwendig, damit jene Therapie erfolgt, in der ich zugleich bei mir und beim anderen sein kann.

Ganzheitliche Befreiung als christliches Ethos der Verlebendigung aller Lebensbereiche: das ethische Profil in der Sache

Wir sprachen von Haltung und Verantwortung im sozialen Beruf, das heißt vom ethischen Profil im Subjekt. Wir müssen jetzt reden vom ethischen Profil in der Sache. Dieses ethische Profil in der Sache möchte ich überschreiben: ganzheitliche Befreiung als christliches Ethos der Verlebendigung aller Lebensbereiche. Ich führe damit die Motive, von denen ich vorher gesprochen habe, als Antriebskräfte zusammen. Der Christ setzt im sozialen Dienst Prioritäten der Verlebendigung, indem er, wie es im Deuteronomium heißt, das Leben wählt, aber das Leben in Fülle. Es gibt vielerlei Perspektiven von Lebensbereichen, in denen diese Verlebendigung als Leitbild in der Sache durchgeführt werden könnte und in denen sie auch – ich habe mit großem

Respekt, muß ich sagen, im Jahrbuch der Caritas 1983 gelesen – durchgeführt wird: Verlebendigung durch Förderung des bedrohten *Überlebens* der Menschen. Bedroht durch Sucht, durch Suizid, durch Schwangerschaft, durch Behinderungen . . .; Verlebendigung des Lebens in personalen Beziehungen (Ehe, Familie); Verlebendigung des Lebens in sozialen Bezügen (Arbeit, Freizeit, Nachbarschaft); die Verlebendigung des Lebens mit den Dingen. Erich Fromm hat darauf aufmerksam gemacht, daß es nicht nur ein Verhältnis des Menschen zum sozialen Bereich, sondern daß es auch ein Verhältnis des Menschen zu den Dingen gibt, und er spricht dabei vom sogenannten „Assimilationsprozeß" im Unterschied zum „Sozialisationsprozeß"[57]. Gemeint ist hier im ganzen nicht bloß die Dingwelt, sondern auch jene Lebenswelt, die als *vor*spezifisch menschlich bezeichnet werden müßte. Auch das ist ein Dienst der Verlebendigung. Schließlich der Dienst der Verlebendigung der Lebenszeiten, in denen die Menschen leben und mit denen sie zurechtkommen müssen, insbesondere in den Lebenszeiten der Jugend, des Alters. Die Verlebendigung findet ihren besonderen Rückhalt als Ausdruck der Antizipation christlicher Hoffnung, als Symbol für die Vorwegnahme von Versöhnung und Frieden.

Das ethische Profil in der Sache müßte von diesem Ethos der Verlebendigung der Lebensbereiche her neu durchdacht werden. Mir kommt es entscheidend darauf an, daß die grundsätzliche Antriebskraft gesichert wird, wenn man nach der ethischen Qualität und Orientierung des sozialen Berufes fragt. Und um diese grundsätzliche Antriebskraft noch einmal ins Wort zu bringen, greife ich zu einem autonomen Schriftsteller – Botho Strauß – und gebe ihm das Schlußwort:

„Gewiß, man wünscht jedem der unzähligen verzweifelten Identitätssucher, die darum ringen, zu sich selbst zu kommen, man wünscht ihnen, sie mögen sich endlich einbilden, sie gefunden zu haben, ihre ‚Identität', sei es in einer Gemeinschaft, in der Arbeit, im Politischen oder in sonst irgendeinem Abenteuer ihrer Existenz. Hierbei handelt es sich ja offenkundig um eine abgesunkene Glaubensfrage, so wie man früher um ‚seinen Gott' rang. Trotzdem schmerzt jedesmal, wenn man die inbrünstige Phrase von der Identität hört, der Anklang an Gott bzw. der Mißklang der Selbstvergottung, die das kleine, das freie und armselige Subjekt sich herausnimmt.

Es ist lachhaft, ohne Glaube zu leben. Daher sind wir voreinander die lachhaftesten Kreaturen geworden, und unser höchstes Wissen hat nicht verhindert, daß wir uns selbst für den Auswurf eines schallenden Gottesgelächters halten.

Gott ist von allem, was wir sind, wir ewig Anfangende, der verletzte Schluß, das offene Ende, durch das wir denken und atmen können. Niemand, der sich herausgestellt hat aus seinen unmittelbaren Verhältnissen, seien es die des Geldverdienens oder die eines blinden Forschungsdrangs, einer selbstberauschten Vernunft, wird leben können ohne irgendwo Zuflucht zu suchen. Ein Höheres als den Gipfel seiner Freiheit wird er nötig haben, in dessen Schutz und Namen er erst das Äußerste an Kräften sammelt. Je aufrechter er sich herausgestellt hat, um so stärker wird er durch seinen Unterwerfungsdrang."[58]

Anmerkungen

[1] Zur Etymologie der Arbeit und zu den folgenden Perspektiven des Arbeitsbegriffes vgl. *Walter Kerber*, Arbeit, in: Handwörterbuch des Personalwesens, hrsg. von Eduard Gaukler (Stuttgart 1975), S. 52ff.; vgl. auch *G. Brakelmann*, Arbeit, in: Christl. Glaube in moderner Gesellschaft, Bd. 8 (Freiburg i. Br. 1980), S. 100–135 (Lit.!); *W. Conze*, Arbeit, in: Geschichtliche Grundbegriffe, Historisches Lexikon zur politisch-sozialen Sprache in Deutschland, Bd. 1 (Stuttgart 1972), S. 166.
[2] *Hellpach* (1912); vgl. *W. Kerber*, a.a.O.
[3] Vgl. *H. Rombach*, Leistung und Muße, in: Christl. Glaube in moderner Gesellschaft, Bd. 8 (Freiburg i. Br. 1980), S. 39–69.
[4] Vgl. das Kapitel über „die Vergöttlichung des menschlichen Handelns" in: „Der göttliche Bereich" (Olten – Freiburg i. Br. 1962).
[5] Vgl. zum Folgenden: *D. Mieth*, Die Einheit von vita activa und vita contemplativa (Regensburg 1969).
[6] Vgl. *D. Mieth*, a.a.O., S. 46, 75f.
[7] Vgl. *Ders.*, a.a.O., S. 290ff.
[8] Vgl. *W. Laatz*, Die Verteilung von Arbeitsplätzen, in: Verteilungsprobleme in Industriegesellschaften (Opladen 1982), S. 186–202.
[9] Vgl. *G. Bombach*, Strategien im Kampf gegen die Arbeitslosigkeit, in: Arbeitslosigkeit – Schicksal der achtziger Jahre? Diagnose und Therapien. Hrsg. von der Wirtschaftsredaktion der „Neuen Zürcher Zeitung" (NZZ Schriften zur Zeit 47) (Zürich 1984), S. 58–65.
[10] Wege aus der Wohlstandsfalle (Strategien gegen Arbeitslosigkeit und Umweltkrise) (Fischer-Alternativ 4030) (Frankfurt a. M. 1979); ferner *Chr. Binswanger* (Hrsg.), Arbeit ohne Umweltzerstörung (Frankfurt a. M. 1983).
[11] Vgl. dazu *H. Jonas – D. Mieth*, Was für morgen lebenswichtig ist. Unentdeckte Zukunftswerte (Freiburg i. Br. 1983).
[12] Vgl. auch Internat. Arbeitsamt, Bericht VI/1 zur Beschäftigungspolitik (Genf 1982), S. 98–108: Verwundbare Gruppen.
[13] Vgl. auch *R. Baur – A. Dollfus – E. P. Meyer – G. Enderle*, Sinn und Zukunft der Arbeit – 16 Thesen. Was kann und soll der Unternehmer zur Gestaltung der Arbeitswelt tun?, in: Vereinigung für freies Unternehmertum, Bulletin 136 (1984), S. 5–7.
[14] Publik-Forum 11 (1982) Nr. 20 vom 8. 10. 1982, S. 5.
[15] Wieviel Arbeit braucht der Mensch?, in: Arbeit und Sozialpolitik, 1981, Nr. 7, S. 242ff.; Arbeitsumverteilung zwischen linearer Arbeitszeitverkürzung und/oder Arbeitszeitflexibilisierung, in: Gewerkschaftliche Monatshefte, 1982, Nr. 2, S. 94–105.

[16] R. *Dombois* – M. *Osterland*, Flexibilisierung des Arbeitseinsatzes statt Arbeitszeitverkürzung, in: a.a.O., S. 118–125, hier S. 121.
[17] Zum Begriff der Solidarität vgl. zuletzt: K. E. *Løgstrup*, Solidarität und Liebe (Christlicher Glaube in moderner Gesellschaft, hrsg. von F. Böckle u.a., Bd. 16 [Freiburg i.Br. 1982], S. 97–128). Wir gehen hier nicht von einem soziologischen Begriff der Solidarität aus, wonach die Intensität gegenseitiger Abhängigkeit, gemeinsamer Interessen und wechselseitiger Verpflichtung Solidarität stiftet, sondern von einem ethisch eindeutigen Begriff, der die soziologische Mehrdeutigkeit überwindet. Vgl. zum soziologischen Begriff M. *Weber*, Wirtschaft und Gesellschaft (Tübingen 1976), S. 25.
[18] Universalität und Solidarität scheinen sich zu widersprechen, wenn Solidarität vor allem als Unterscheidungsmerkmal zwischen einem sozialen System und seiner Umwelt verstanden wird (z.B. bei T. *Parsons*, The Social System [Glencoe 1951]). Wird aber Solidarität auf die gemeinsame Menschenwürde bezogen, wie dies in der Tradition der christlichen Soziallehre geschieht (vgl. zuletzt „Laborem exercens", Nr. 8), dann ist sie stets Solidarität in einer offenen Bewegung von der inneren Bindung und Festigkeit zur universalen Gemeinsamkeit. Wird nur die Bewegung zur Universalität beachtet, verliert der Begriff Solidarität seine Schärfe; wird nur der Intensitätsgrad der inneren Beziehung beachtet, verliert der Begriff Solidarität seine ethische Dimension, wie man im Grenzfall an der Solidarität von Verbrechern und Terroristen sehen kann (vgl. K. E. *Løgstrup*, a.a.O., S. 101–103).
[19] Solidarität hat, seitdem sie in der Moderne als Beziehung von Gleichgestellten und Gleichgesinnten verstanden wird, immer emanzipatorischen Charakter, d.h., sie tritt zur Behebung mangelnder Befreiung auf.
[20] Vgl. *J. Rawls*, A Theory of Justice (Harvard 1971); dt. Eine Theorie der Gerechtigkeit (Frankfurt a.M. 1975).
[21] Vgl. den Bericht VI/1 des Internationalen Arbeitsamtes, Genf, für die 69. Tagung der Internationalen Arbeitskonferenz 1983 zur Beschäftigungspolitik (Genf 1982), S. 98–108. Der Bericht zählt Frauen, Jugendliche und ältere Arbeitnehmer zu den „verwundbaren Gruppen"; dazu kommen die Wanderarbeiter und die Behinderten. Vgl. auch C. *Offe*, Opfer des Arbeitsmarktes. Zur Theorie der strukturierten Arbeitslosigkeit (Neuwied – Darmstadt 1977).
[22] Ein weiteres Problem ist die rassistische Einschränkung des Arbeitsmarktes. In Presseberichten heißt es, daß bis zu 60% der farbigen Jugendlichen unter 20 Jahren in den Großstädten der USA arbeitslos seien.
[23] Über den Nutzen, den die Staaten aus ausländischen Arbeitnehmern ziehen, sagt der in Anm. 21 zitierte Bericht, S. 119: „Es kann z.B. nicht in Frage gestellt werden, daß die Schweiz ohne den Zustrom von über 8,5 Millionen gewöhnlichen Arbeitskräften, Saisonarbeitern oder Grenzgängern seit dem Zweiten Weltkrieg nicht den heutigen Wohlstand aufweisen und über die gleiche Infrastruktur und Industrie oder den gegenwärtigen Dienstleistungssektor verfügen würde. Auch hätte Saudi-Arabien die in seinem dritten Fünfjahresplan festgesetzten Ziele nicht erreichen können, ohne im Zeitraum 1980–1985 die Hilfe von zumindest einer Million Ausländern in Anspruch zu nehmen. Ferner ist der Nutzen der Beschäftigungsländer nicht nur auf das institutionelle Verfahren zurückzuführen, das die Aufnahme ausländischer Arbeitskräfte mit der Produktion in Verbindung setzt,

sondern auch auf die Tatsache, daß ihnen die Kosten erspart blieben, die Arbeitskräfte vor ihrer Einreise in das Land auszubilden; außerdem gewinnen sie außerordentlich hart arbeitende und genügsame Arbeitnehmer."

[24] Deshalb sagt die Empfehlung der IAO (Internationalen Arbeitsorganisation) zur Beschäftigungspolitik vom 9. 7. 1964, VI, 32 (1): „Die Industrieländer sollten in ihrer Wirtschaftspolitik, einschließlich ihrer Politik der wirtschaftlichen Zusammenarbeit und der Steigerung der Nachfrage, die Notwendigkeit berücksichtigen, die Beschäftigung in anderen Ländern, insbesondere in den Entwicklungsländern, zu heben."

[25] Zur Rolle der Multinationalen bemerkt der bereits in Kap. 8 zitierte Hirtenbrief der niederländischen Bischöfe „Der Mensch in der Welt der Arbeit": „In der letzten Zeit sind insbesondere die transnationalen Unternehmen im sozialen und politischen Bereich so mächtig geworden, daß gewisse Aspekte von Recht und Freiheit von der betriebseigenen Verantwortung mitverwaltet werden." Dies geschieht im Guten wie im Schlechten, in jedem Falle jedoch unter dem Primat ökonomischer Effizienz und mangelnder politisch-ethischer Kontrolle.

[26] Vgl. *Chr. Gremmels – Fr. Segbers*, Arbeitslosigkeit – Herausforderung der Kirchen (Gesellschaft und Theologie, Abteilung Sozialethik, Nr. 11) (München – Mainz 1979), S. 185 – 193 über die „Strategien gegen Arbeitslosigkeit".

[27] Vgl. *Johannes Paul II.*, „Laborem exercens" (1981), Nr. 12.

[28] Daß Arbeitslosigkeit der achtziger Jahre nicht mehr mit ökonomischer Expansion zu lösen ist, ergibt sich aus drei Gründen: Eine den fünfziger Jahren vergleichbare Wachstumsrate ist nicht mehr zu erwarten (und sie käme zunächst nur den Industrieländern zugute); Anwachsen der Produktivität und Zunahme der Beschäftigungszahl koppeln sich ab, und dies liegt zum großen Teil an Rationalisierungsinvestitionen; ökonomisches Wachstum ist angesichts der Knappheit der Ressourcen, der ökologischen Folgen und der Vergrößerung des Ungleichgewichts zwischen der Ersten und Dritten Welt fragwürdig geworden (vgl. *Gremmels – Segbers* [Anm. 26], S. 180f.)

[29] Vgl. den in Anm. 21 zitierten Bericht des Internat. Arbeitsamtes, S. 39 – 53 über „Wahl, Entwicklung und Transfer von Technologie". Die Gegenwirkung müßte seitens einer arbeitsintensiven Beschäftigungspolitik erfolgen. Der Bericht zitiert Modelle aus China und Japan, die vor allem in der Förderung einer technologisch hochstehenden dezentralisierten Kleinindustrie bestehen.

[30] A.a.O., S. 48.

[31] Vgl. den in Anm. 25 zitierten Hirtenbrief, S. 47f.

[32] Vgl. dazu *H. Chr. Binswanger* u. a. (Hrsg.), Wege aus der Wohlstandsfalle, der NAWU-Report: Strategien gegen Arbeitslosigkeit und Umweltzerstörung? (Frankfurt a. M. 1979), S. 110f.

[33] Vgl. zur Idee der solidarischen Identität vor allem: *P. Spescha*, Arbeit – Freizeit – Sozialzeit. Die Zeitstruktur des Alltags als Problem ethischer Verantwortung (Europäische Hochschulschriften, Bd. 156) (Bern – Frankfurt a.M. – Las Vegas 1981), S. 155 – 230. Spescha stellt die solidarische Identitätserfahrung aus ihren sozial-psychologischen Quellen und ihrer theologischen Erschließung als Basiserfahrung für die Integration von Arbeit, Freiheit und Kommunikation dar (Lit.!)

[34] Vgl. *K. E. Løgstrup*, a.a.O., S. 114. Ich stimme Løgstrup in der Voraussetzung

nicht zu, daß „der Nächste ... jeder Beliebige" ist. Der Nächste ist vielmehr nach dem Samaritergleichnis derjenige, der unausweichlich an meinem Wege ist, und bei diesem darf ich keinen Unterschied machen.

[35] A.a.O., S. 34.

[36] Unter sozialer Selbsterwirkung verstehe ich eine Bildung des Selbst aus Interaktion und Kommunikation, die dennoch die Konsistenz und Kontinuität des menschlichen Subjektes nicht verhindert, sondern fördert. Vgl. *D. Mieth*, Epik und Ethik. Eine theologisch-ethische Interpretation der Josephromane Thomas Manns (Tübingen 1976), S. 148 – 188.

[37] Vgl. *Meister Eckhart*, Deutsche Predigten und Traktate, hrsg. von J. Quint (München 1955), S. 295 – 298 (in der wissenschaftlichen Ausgabe: DW II, Nr. 32). Vgl. zur Interpretation *D. Mieth*, Christus – das Soziale im Menschen, Texterschließungen zu Meister Eckhart (Düsseldorf 1972), S. 98 – 106.

[38] A.a.O., S. 57.

[39] A.a.O., S. 298.

[40] Vgl. *D. Mieth*, Gotteserfahrung – Weltverantwortung (München 1982).

[41] Vgl. *N. Luhmann*, Soziologische Aufklärung, Bd. 2 (Opladen 1975), S. 134 – 149.

[42] Vgl. *N. Luhmann*, Soziologie der Moral, in: *ders.* – *St. H. Pfürtner*, Theorietechnik und Moral (Frankfurt a.M. 1978), S. 8 – 116, hier S. 43.

[43] Freiburg 1982.

[44] Zuerst „Redemptor hominis", Nr. 14, zuletzt „Laborem exercens", Nr. 1.

[45] Vgl. „Gaudium et Spes", Nr. 44.

[46] Vgl. „Gaudium et Spes", Nr. 43; „Populorum progressio", Nr. 81; „Octogesima adveniens", Nr. 48.

[47] Vgl. *J. Moltmann*, Theologie der Hoffnung (München 1964).

[48] *J. Ratzinger*, Vom Sinn des Christseins (München 1965), S. 56, 68.

[49] Synodenbeschluß „Christlich gelebte Ehe und Familie" (Bonn 1975), Nr. 1.1.2.

[50] Vgl. *Meister Eckhart*, Gotteserfahrung und Weg in die Welt, hrsg. und teilweise übersetzt von D. Mieth (Olten – Freiburg i. Br. 1979), S. 335 – 341 (daraus die folgenden Zitate).

[51] Vgl. Im Dienst ganzheitlicher Befreiung, zum Auftrag der Kirche in unserer Gesellschaft. Überlegungen der Arbeitsgruppe „Prospektive der Pastoralkommission der Schweizer Bischofskonferenz", April 1983 (erhältlich durch PPK, Postfach 909, CH-9001 St. Gallen).

[52] Vgl. *D. Mieth*, Das „christliche Menschenbild" – eine unzeitgemäße Betrachtung? Zu den Wandlungen einer theologisch-ethischen Formel, in: THQ 163 (1983), S. 1 – 15, hier S. 8 ff.

[53] Joseph und seine Brüder (Stockholm 1966), S. 720.

[54] Vgl. *W. Weischedel*, Skeptische Ethik (München 1976).

[55] Vgl. *R. Musil*, Der Mann ohne Eigenschaften, hrsg. von A. Frisé (Reinbek-Hamburg 1970), 16.17. 1342.

[56] Vgl. *J. Rawls*, Eine Theorie der Gerechtigkeit (Frankfurt a.M. 1977). Das Maximinprinzip der Gerechtigkeit bedeutet das Kriterium, jede Maßnahme danach auszurichten, daß sie das Maximum für das Minimum erreicht.

[57] Vgl. zur Anthropologie E. Fromms: *R. Funk*, Mut zum Menschen (Stuttgart 1978).

[58] *B. Strauß*, Paare Passanten (München 1981), S. 177 f.

Literaturhinweise

Arbeitslosigkeit – Schicksal der achtziger Jahre? Diagnosen und Therapien (NZZ Schriften zur Zeit 47) (Zürich 1984).
Arbeitswelt (= Frankfurter Hefte 32, 1977: Sonderheft).
Arbeitslosigkeit und Recht auf Arbeit (Concilium 18, 1982, Heft 12).
Auer, A., Christsein im Beruf (Düsseldorf 1966).
Balon, K. H. – *Dehler, J.* – *Schön, B.* (Hrsg.), Arbeitslose: Abgeschoben, diffamiert, verwaltet. Arbeitsbuch für eine alternative Praxis (Fischer TB 4204) (Frankfurt a. M. 1978).
Bensberger Kreis, Erklärung zu: Arbeitslosigkeit und Umverteilung der Arbeit, in: Publik-Forum vom 30. 3. 1984, I – VI.
Binswanger, Chr. (Hrsg.), Arbeit ohne Umweltzerstörung (Frankfurt a. M. 1983).
Brakelmann, G., Arbeit, in: Christlicher Glaube in moderner Gesellschaft, Bd. 8 (Freiburg i. Br. 1980), S. 100 – 135.
Chenu, M.-D., Die Arbeit und der göttliche Kosmos. Versuch einer Theologie der Arbeit (Mainz 1956).
Dautzenberg, G. – *Gremmels, Chr.* – *Hertz, A.*, Arbeit und Eigentum, in: Handbuch der christlichen Ethik, Bd. 2 (Freiburg i. Br. – Gütersloh 1978), S. 343 – 398.
Dröll, D. – *Dröll, E.*, Arbeitslos. Wirtschaftliche Sicherung bei Arbeitslosigkeit (München 1976).
EKD: Denkschrift zur Arbeitslosigkeit (1982).
Engelen-Kefer, U., Arbeitslosigkeit (Zur Sache. Informationen für Arbeitnehmer 1) (Köln 1978).
Fröbel, F. – *Heinrichs, J.* – *Kreye, O.*, Die neue internationale Arbeitsteilung. Strukturelle Arbeitslosigkeit in den Industrieländern und die Industrialisierung der Entwicklungsländer (roak 4185) (Reinbek 1977).
Geist, H., Arbeit. Die Entscheidung eines Wortwertes durch Luther, in: Luther-Jahrbuch 13 (1931), S. 83 – 113.
Goldberg, J. – *Günther, B.* – *Jüng, H.*, Arbeitslosigkeit. Ursachen – Entwicklung – Alternativen (Frankfurt a. M. 1977).
Gremmels, Chr. – *Segbers, F.*, Arbeitslosigkeit. Herausforderung der Kirchen – Dokumente – Projekte – Analysen (München 1979).
Hartwich, H. H. – *Laatsch-Nikitin, N.* – *Schaal, M.*, Arbeitslosigkeit (Analysen 6) (Opladen 1975).
Jonas, F., Sozialphilosophie der industriellen Arbeitswelt (Stuttgart ^{2}1974).
Kätsch, Th. – *Weswede G.*, (Hrsg.), Arbeitslosigkeit, I: Sozialstrukturelle Probleme (Soziale Probleme der Gegenwart 1) (Meisenheim 1978).
Küng, E., Güterverteilung, in: Ordo 35 (1984), S. 167 – 177.
Offe, C., Opfer des Arbeitsmarktes. Zur Theorie der strukturierten Arbeitslosigkeit (Neuwied – Darmstadt 1977).
Seifert, H. – *Simmert, D. B.* (Hrsg.), Arbeitsmarktpolitik in der Krise (Köln 1977).
Unrein, H., Arbeitslosigkeit. Fakten – Aspekte – Wirkungen (Köln 1978).
Vom tätigen Leben (= Christlicher Glaube in moderner Gesellschaft), Bd. 35, Quellenband 5, hrsg. von D. Mieth u. R. Walter (Freiburg i. Br. 1984).
Wolff, H. W., Anthropologie des Alten Testamentes (München 1973).